分析不要　1日3分のトレード
7年連続プラスの驚異のメソッド

スマホで波乗り株投資法

株アカデミー学長
下山敬三

合同フォレスト

はじめに

私がはじめて株式投資を行ったのは、23歳のときでした。特にやりたい仕事もなかった私は、大学卒業後も定職に就くことなくアルバイトをしていました。やりたくもない仕事をやるよりはアルバイトでもしながらやりたいことを見つけたいと思ったのです。

当時の収入は20万円に届くかどうかでした。正直、「このままでいいのだろうか」と悩みました。歳もとりますし、結婚などすれば今の収入ではとてもやっていけません。

そんな折、株ブームが起こりました。日本で狂牛病が騒がれたころのことです。狂牛病を発症した牛が現れたことによって、ある焼肉屋の株価が３００万円から１５０万円へと暴落しました。これを見た私は、「株価というものは、一瞬でこんなに下がるものなのか。でも焼肉に対する需要は必ず戻るはずだ。買ってみよう」と思ったのです。

日本人の食文化を考えたとき、焼肉がまったくなくなるということは考えられません。「人のうわさも七十五日」で、この問題もいつか忘れられるだろう。そう考えました。

これが私の株への初挑戦となります。

すると七十五日どころか、わずか10日にして株価は225万円まで戻りました。10日で35万円もの儲けが出たことに、私は驚きを禁じ得ませんでした。幸か不幸か、私は初参戦で大きな利益を出すことができました。正直、「株って案外ちょろいな」と思いました。

ある日、飲食会社が上場すると決まったので買おうとしましたが、上場初日は値が膨らみすぎて買うことができませんでした。金曜日のことです。月曜日にも買うことができず、値動きを追っているとその後3日間で90万円もの値上がりを見せました。

私は「金曜に買えなくても月曜に買っておけばよかった。何で注文しなかったんだ」と悔やみました。同時に上場が決まった企業に目をつけるようになりました。当時の私は株に対して表面上の事象だけにとらわれて手を出している状態だったのです。

そんなとき、ある映像会社が新規で上場しました。私はこれに飛びつき、初日に180万円で買いを入れました。「さあ、値上がりするぞ」と思って値動きを見ていたのですが、株価はどんどん下がり続け、しまいには51万円にまで落ちてしまいました。大きなマイナスです。ここに至って、はじめて株の怖さを知ったのでした。

投資資金として準備した200万円は、数銘柄への投資でじきになくなってしまいました。私の株デビューは約1年間で資金が尽きて終わってしまいました。

しばらくして、友人が「株でお金を増やす」と言いだしました。私は痛い目に遭っていたため、やめるように忠告しましたが、友人は引きません。「どうせ負けるだろう」と思っていましたが、友人は継続して利益を出します。

「どうやって取引しているんだ」と聞くと、信用取引を行っているとのことでした。友人は信用取引で1年で1000万円も儲けを出しました。そして、私も信用取引に挑戦してみることにしました。

当時は資金を5分割するという発想はなく、全力買いか、全力売りで取引を行っていました。そのため、大きく儲かるものの、損をするときには大きな痛手を被りました。それから、何とか安定して稼げる方法はないものかと試行錯誤を繰り返しました。

そして出来上がったのが現在の波乗り投資法です。

私は今、波乗り投資法で安定的に利益を出しています。しかし、かつては痛い目に何度も遭っています。株で負けたときの気持ちもわかっているつもりです。だからこそ、波乗り投資法でみなさんにも勝てるようになってもらいたいと切に願っています。

２０１６年６月

下山敬三

目次

第3章　波乗り投資法7つのルール

第4章　波乗り投資法ケーススタディ

第5章　波乗り投資法で勝てる銘柄の条件

第6章　2つのレッスン　波乗り投資法を身に付ける

第7章　私の波乗り投資法実践術

第８章 勝つためのメンタルを保つ

第1章

あなたが株で負ける理由

上がりそうな銘柄を探していては株で勝てない

株で負けている人には、共通した特徴があります。そのひとつ目は、**上がりそうな銘柄を探して投資している**ということです。

私は普段、個人投資家として株式投資を行うとともに、主宰しているスクールでオリジナルの投資手法「波乗り投資法」を教えています。

このスクールには初心者も来ていますが、ほとんどが株の経験者です。いろいろな手法で株をやってみたものの勝つことができず、最終的に波乗り投資法に行き着いた。そうした人達です。なかには1000万円を超える損失を出してしまい、藁をもつかむような思いで私のスクールに来るようになった人もいます。

生徒と話していると過去にやっていたトレードの話題になることがよくありますが、結論としては「やっぱり、そのやり方では勝てないですよね」ということになります。

生徒も、決して特殊な手法で投資をやっていたわけではありません。それどころか、極めてオーソドックスな、**株式投資として当たり前に行われているやり方で投資をしてきました。それでも、負けていたのです。いや、だからこそ負けていたといったほうが正確でしょう。**

そこで一番多いのが、「上がりそうな銘柄はどれか」と探してしまうパターンです。これは私のスクールの生徒だけでなく、株で負けている人の多くに当てはまることでしょう。「株をやるのに、上がる銘柄を探すのは当たり前じゃないか」と思われるかもしれません。しかし、このやり方でやっている限り勝つのはむずかしいはずです。上がる銘柄探しをやっていると、どうしてもギャンブルになってしまうからです。

テクニカル分析は予想を当てるギャンブル

たとえば、テクニカル分析で上がりそうな銘柄を探すとします。テクニカル分析にはさまざまなやり方がありますが、移動平均線などトレンド系で見ても、ＲＳＩ（相場が上昇と下降のどちらに傾いているのかを示す指標）などオシレーター系（直近の一定期間において終値ベースで上昇変動と下落変動のどちらの勢いが強いのか計測しようとする指標）で見ても、結局は上がる銘柄を予想することになります。

しかし、このような予想がなかなか当たらないことは、みなさんもよくご存知でしょう。株価のトレンドがハッキリしているときはトレンド系、株価の動きに方向感がないもみ合いのときにはオシレーター系がいいといわれたりしますが、トレンドの状態がハッキリしないことは珍しくありません。上昇トレンドの中にも下落局面はありますし、下落トレンドの中にも上昇局面はあります。現在の状況で、どの指標を当てはめればいいかはむずかしい問題です。

また、トレンドを分析する手法もいろいろありますが、株のトレンドは何の前触れもなく突然変わります。明確な上昇トレンドにあっても、どこかの時点で必ず下がりはじめます。その「どこかの時点」がいつなのかは、誰にもわかりません。テクニカル分析を精緻にやったつもりでも、結局、相場の動きに翻弄されることになります。

もちろん、**株価は何らかの基準となる数値を下回ったら上向く、上回ったら下向くという単純なものではありません**。たとえば、ＲＳＩを見ると買われすぎ、売られすぎという判断はある程度できますが、売られすぎているから株価が上がるかといえばそうとは限りませんし、買われすぎているから下がるかといえばそうとも限りません。売られすぎの状態がそのまま続くこともありますし、買われすぎの状態がずっと続くこともあります。

よくいわれることですが、何らかの基準値で株価の動きがわかるなら、もっと多くの人が株で勝っています。株価の動きを見ていると一定のトレンド・法則があるかのように見えることもありますが、株価はさまざまな要因によって動きます。

テクニカル的には上がると思われる状況であっても、その銘柄を大量に保有しているファンドが現金化するタイミングだったというだけの理由で一気に株価が下がることもあります。株には多くの投資家が投資しており、投資家はそれぞれの思惑で売買の判断をしています。そして、他の投資家の頭の中はブラックボックスです。他の投資家がいつどのような判断をするかは、読むことができません。**基本的に、株価はランダムな動きをしてしまうもの**なのです。

さまざまなテクニカル分析の手法を組み合わせて精度を上げたと思っても、予想は予想です。そして、予想を当てようと思った時点で競馬と同じようにギャンブルになります。

そして、ギャンブルを続けているから勝てないということになるのです。

ギャンブルで怖いのは、毎回はずれるのではなく、たまに当たるときがあることです。そして、1回でも当たると「俺は投資の才能がある」と自惚れてしまいます。そして、**はずれても1回当たった手法にこだわり続け、損失を増やしてしまう**のです。

そんなころ、また予想が当たります。そうすると、「やっぱり俺の方法は正しい」と思い込んでしまいます。そして、トータルでは利益を生まないその手法から抜け出せなくなってしまうのです。

ギャンブルに勝つ快感を得たいのなら、こうしたやり方もいいでしょう。しかし投資でお金を増やしたいのなら、このようなやり方は避けるべきです。

株価はファンダメンタルとは別の要因で動く

テクニカルで株をやっているから、ギャンブルになる。ファンダメンタル分析でしっかり銘柄を選べば、確実な投資ができる。このように思われるかもしれません。

しかし、ファンダメンタルで銘柄を選んでも事情はさほど変わりません。やはり、ギャンブル性の高い投資になってしまいます。

バランスシートを分析し、ＲＯＥ（株主資本利益率＝企業の収益性を測る指標）にどれだけつながったのかなどの指標を調べ、今後の事業計画を見て、「株価は上がっていくはずだ」と判断したとしましょう。株価がこういったものとまったく無縁だとはいいませんが、株価は往々にしてこうした要素とは別に動いていきます。

企業の業績が市場の予想以上に伸びたとしても、相場全体が全面安になれば株価は下がります。リーマンショックのあとが典型的な例ですが、あそこまで大規模でなくても、ある銘柄の株価が企業業績と関係なく相場全体の動きと連動するのはよくあることです。

また、ＰＢＲ（株価純資産倍率＝１株当たりの純資産に対し、株価が何倍まで買われているかを表した指標）が１倍以下であっても、ＲＯＥが20パーセント以上あっても株価に反映されるとは限りません。ＰＢＲがずっと１倍以下のままになっているということも、普通にありえます。

ファンダメンタル分析をもとに銘柄選びをすることは可能ですが、先ほども触れたように株価はさまざまな思惑によって動きます。機関投資家の判断ひとつで大きく動きますし、経済状況、金利、為替によっても株価は変わります。**株価には、ファンダメンタルとは離れたところで動く力学が働いていると思ったほうがいい**でしょう。

よく雑誌で「ファンダメンタル分析でお宝銘柄を探せ」という企画があったりしますが、それこそ投資というより宝くじを買うようなもの。ファンダメンタルで銘柄を選んでも、「当たるか、はずれるか」というギャンブルであることに変わりはありません。

ギャンブルとして当たり、はずれを楽しむならいいのですが、投資として考えるなら株価が上がりそうな銘柄を探すのは賢明ではありません。

テクニカルで分析しても、ファンダメンタルで分析しても、株価は思ってもみなかった動きをするものです。そのことを前提に、**株価が上がっても下がっても利益が出るようなやり方をするのが勝てる投資**だと思います。

分散投資をしてもリスクヘッジにならない

多くの人が株で負ける理由。そのふたつ目が分散投資です。

投資資金が30万円あったとしたら、30万円すべてを1つの銘柄に投資するのはリスクが大きい。そう考え、30万円以内で買えるように銘柄を３つ選びます。そして株価が上がった銘柄の利益を伸ばし、マイナスになったものはロスカットすればリスクヘッジできるとします。

しかし、これはリスクヘッジにはなりません。相場全体が上昇トレンドにあるような場合は３銘柄とも株価が上がり、それなりに大きな利益を得ることができることもあると思います。

しかし、逆に３銘柄とも下がったらどうなるでしょう。いうまでもなく大きな損失になりますし、相場全体が下がっているときなど、こうしたケースは珍しくありません。もし２銘柄が上がったとしても、残った1銘柄の下げ幅が大きければ利益を食ってしまいますし、１銘柄だけが上がってトータルではマイナスになることも少なくありません。

３銘柄がすべて上がる。２銘柄の上げ幅の合計が、１銘柄の下げ幅より大きい。１銘柄の上げ幅が、２銘柄の下げ幅の合計より大きい。これが３銘柄で分散投資したときに利益が出るパターンのすべてです。

3銘柄がすべて下がっても、2銘柄の下げ幅の合計が1銘柄の上げ幅より大きくても、1銘柄の下げ幅が2銘柄の上げ幅の合計より大きくても、利益を出すことはできません。

分散投資をすればリスクが大きく減るわけではないのです。これが、分散投資で利益を出し続けることがむずかしい大きな理由です。

また、分散投資では株価の動きが逆になる銘柄の組み合わせでリスクヘッジをすることがありますが、これもあまり意味がないことです。

たとえば、為替が大きく動いたときのリスクヘッジとして、大手輸出企業と大手輸入企業の両方に投資するとします。円高に振れれば輸入企業の業績に、円安になれば輸出企業の業績に有利に働くため、為替変動が株価に影響することがあるからです。

しかし、急に円高に振れて輸入企業の株価が上がっても、その分、輸出企業の株価が下がれば利益を出すことはできません。

相反する動きをする銘柄を組み合わせるというのは一見賢い手法のように思えますが、**どちらかが上がったらもう一方は下がることになるため、結局利益を出すのがむずかしく**

なります。

分散投資をする人は、「自分が選んだ銘柄が上がった」というよろこびを得たいのではないでしょうか。確かに、3銘柄、5銘柄と多くの銘柄に投資すれば、どれかが上がる確率は高まるでしょう。しかし、1つの銘柄が当たったとしても、トータルで利益があがるかどうかは別の話です。

競馬でもこういう人がいますよね。いろいろな馬の単勝、いろいろな組み合わせの連複に賭けて、「当たった」とよろこぶ。しかし、当たったのはひとつで、残りははずれ。トータルではマイナスです。

予想が当たったとよろこびたいのなら、分散投資はいいと思います。しかし、投資で勝ちたいのなら、銘柄を分散せずに投資するほうが有利です。

ロスカットルールは損するためのルール

株の入門書を読むと、だいたいどの本にも「ロスカットルールを設けよう」と書いてあります。そして、多くの投資家が当たり前のように自分のロスカットルールをつくって投資を行っています。

確かに、ロスカットには意味があります。20パーセント下がったらロスカットするというルールをつくって投資をはじめたら、30万円で買った銘柄が24万円まで下がってしまった。ここで無条件に売れば、それ以上の損失を出すことはなくなります。

しかし、このような経験はないでしょうか。ロスカットしたらそのあとすぐに株価が上がった、もうちょっと待っていたら利益が出ていた……。買う銘柄がことごとくロスカットに引っかかった、そしてトータルで大きな損失になってしまった……。

ロスカットは、ひとつの取引で大きな損失を出すのを防ぐ効果はあります。しかし、あくまでお金を減らす行為です。ロスカットしていれば勝てるというわけではありません。

また、次のようなケースもよくあります。20パーセントの損失でロスカットというルールを設定して投資をはじめたら、株価が低迷して10~19パーセントのマイナスでずっと推移している。しかしロスカットルールには触れていないのでそのままホールドし、別の銘柄でも取引をはじめた。そうしたらその銘柄も10~19パーセントのマイナスで推移している。そうして、塩漬け銘柄ばかり手元に溜まってしまった……。

ロスカットルールに引っかかったら売るというのは、言葉を換えればロスカットルールに引っかからなければ売らないということです。ロスカットルールに引っかからない塩漬け銘柄をずっと眺めているということになりかねません。

20パーセント、30パーセントと深いところでロスカットルールを設けると往々にしてこのようなことになりますが、浅いレベルで設定すればいいというものでもありません。

上昇トレンドにある銘柄でも、株価は細かな上下を繰り返しながら上がっていきます。3パーセント、5パーセントと浅いところでロスカットルールを設けていると頻繁にロスカットすることになり、やはり利益が出せない結果になります。

もちろん、投資判断が100パーセント当たるということはまずありません。上がると思って投資をしてもすぐに株価が下がりはじめ、含み損を抱えることはあります。しかし、そうしたときにも**指をくわえてじっと見ているのではなく、あるレベルまで下がったら自動的に売るのでもなく、臨機応変にポジションを取るほうが投資で勝ちやすくなります。**

利益目標は無理な取引につながり危険

1年間で100万円増やす。年率30パーセントをめざす。こういった目標を立てて投資をはじめる人がいます。お金を増やしたいという気持ちも意気込みもよくわかるのですが、こうした人もやはり株で勝ちにくい人です。

たとえば、年率で30パーセント増やすという目標を立てたとしましょう。そうすると、毎月平均で2・5パーセントずつ増やさなければならないことになります。そして、月末が近づいても1パーセントしか増えていないと、「1・5パーセント取るためにもっと頻繁に売買しよう」というように無理な取引をするようになります。

1パーセント増えていればまだいいですが、その月がマイナス5パーセントだったらいきなり7・5パーセント増やすようなことになります。**目標に達しそうにないとかなり強引な取引になり、損失を出す確率が高くなってしまいます。**こうしたことが毎月繰り返されるのです。

これは、年率ではなく額を目標とした場合も同じです。

1年で100万円増やすという目標を立てたとしましょう。しかし、10カ月経っても50万円しか増えていません。そうすると、残り2カ月で50万円を増やすために、**上がると判断できないようなときにも無理して買いポジションをもつようなことになります**。みずから投資のギャンブル性を高めてしまうのです。

株は、相場全体でも単独の銘柄でも、動きがある時期とそうでない時期があります。動きがある時期は利益を出すチャンスも多くなりますが、動きがないときにはそれほど利益が出ないものです。そこを流れに逆らって利益を出そうとすると、いい結果になりません。

もし数字を目標にするとしたら、取引1回ごとの利益で考えるのはアリかもしれません。たとえば、1回の取引で1万円の利益になるまでは利益を取らないと決めるようなやり方です。9500円の含み益が出ていたとしても、取らない。1万円になるまで待つと決めてしまうのです。

ただ、このやり方もリスクを伴います。9500円の含み益があっても、次の日にはゼロになるかもしれません。あるいは、一気に含み損に転じるかもしれません。そうしたリスクを承知の上で「500円足らない。1万円になるまで待とう」なら、それはその人のやり方としてアリだと思います。

しかし、こうしたメンタルができていないと、「やっぱり昨日決済しておけばよかった」などとあとに引きずることになります。気持ちに残ると、次の取引に影響します。

株価は、こちらの思いどおりには動いてくれません。利益を出しやすい時期とそうでない時期があることを踏まえ、**具体的な数字の目標を立てることなく、たとえ小さくても利益を積み重ねていくほうが株で勝ちやすくなります。**

第2章

これが波乗り投資法だ

予測がはずれても利益が出せる波乗り投資法

テクニカル分析を使っても、ファンダメンタル分析を使っても、上がる銘柄を当てる株式投資はギャンブルになるので儲けることはできません。

分散投資をしても、上がる銘柄探しと同じになってリスクは下がりません。

ロスカットルールをつくっても、大損がなくなるだけ。それで勝つことはできません。

利益目標は、無理な取引につながる可能性があるので危険です。

それでは、どんなやり方なら株で勝つことができるのか。

そこでおすすめしたいのが、私が実践している波乗り投資法です。

波乗り投資法は、ひとことでいうと**「予測に頼ることなく、株価の動きに応じて複数のポジションを調整することで利益をあげる投資手法」**です。株価の波（上げ下げ）に変幻自在に対応し、スイスイと利益を重ねるさまが波乗りのようだということで、この名前が付けられました。

通常の株式取引は、この銘柄は上がると予測して株を買い、取引をはじめます。また、下がると予測した場合は信用取引を利用して売りポジションをもつかもしれません。いずれにしても、予測を当てて利益を得ようとします。

しかし、波乗り投資法ではそのようには考えません。予測は行うのですが、その予測が当たってもはずれても、どちらでも利益が取れるようにポジションを取っていきます。これが、波乗り投資法の大きな特徴です。

たとえば、ある銘柄に注目して取引をはじめるとします。

通常の株式取引では、この銘柄が上がるか、下がるかがとても大切です。上がると予測して買いポジションを取った場合、予測どおりに株価が上がれば利益になります。しかし、反対に株価が下がれば損失。そのため、利益が出るかどうかは「株価が上がるかどうか」にかかっています。

これは、信用取引で売りポジションから入っても同じです。株価が下がるという予測が当たれば利益になりますが、逆に株価が上がれば損失。そのため、「株価が下がるかどうか」が利益と損失の分かれ道です。

しかし、**波乗り投資法では予測が当たるかどうかはそれほど重要ではありません**。もちろん予測どおりになればそれに越したことはありませんが、予測がはずれてもその後のポジションの取り方で利益を出していきます。株価が上がるか下がるかという予測にすべてをゆだねるのではなく、**上がっても下がってもどちらに行っても利益が出るようにポジションを取っていく**のです。

そのため、「自分の予想どおりになった」というギャンブル的な快感は少ないかもしれません。実際、さまざまな分析を行い、その予測が当たることに投資の醍醐味を見出している人には波乗り投資法はつまらなく思える可能性があります。しかし、利益を出すことを投資の目的にするなら、予測に頼ることのない波乗り投資法は確実性が高い手法です。

複数のポジションを調整して利益を出していく

予測がはずれても、利益が出るようにポジションを調整してくのが波乗り投資法です。「そんなうまい話があるか」と思われるかもしれませんが、**考え方はそれほど複雑ではありません**。

上がると思って買いポジションで取引をはじめたら、株価が下がり続けました。完全に予測ははずれです。

通常の株式取引の場合、含み損を抱えたままひたすら株価が戻るのを待つことになるでしょう。株価が戻らず、ずっと塩漬けになるかもしれません。下がったところで買い増しして平均取得単価を下げる人もいるかもしれませんが、株価が上がるのを待つのは同じです。

ここで、平均取得単価について簡単に説明しておきましょう。平均取得単価というのは、1株あたりの平均購入価格です。

3000円で100株買ったとします。この時点では、平均購入価格は3000円です。そして、株価が2000円まで下がったところで100株買い増ししたとします。そうしたら、平均取得単価は2500円です。最初の100株だけでは株価が3000円まで戻らなければ利益が出ませんが、2000円で買い増しして平均取得単価を下げると、2501円以上になれば利益が出るようになります。このように、株価が下がったときに利益を出しやすくするために平均取得単価を下げることがあります。

一般的な株式投資

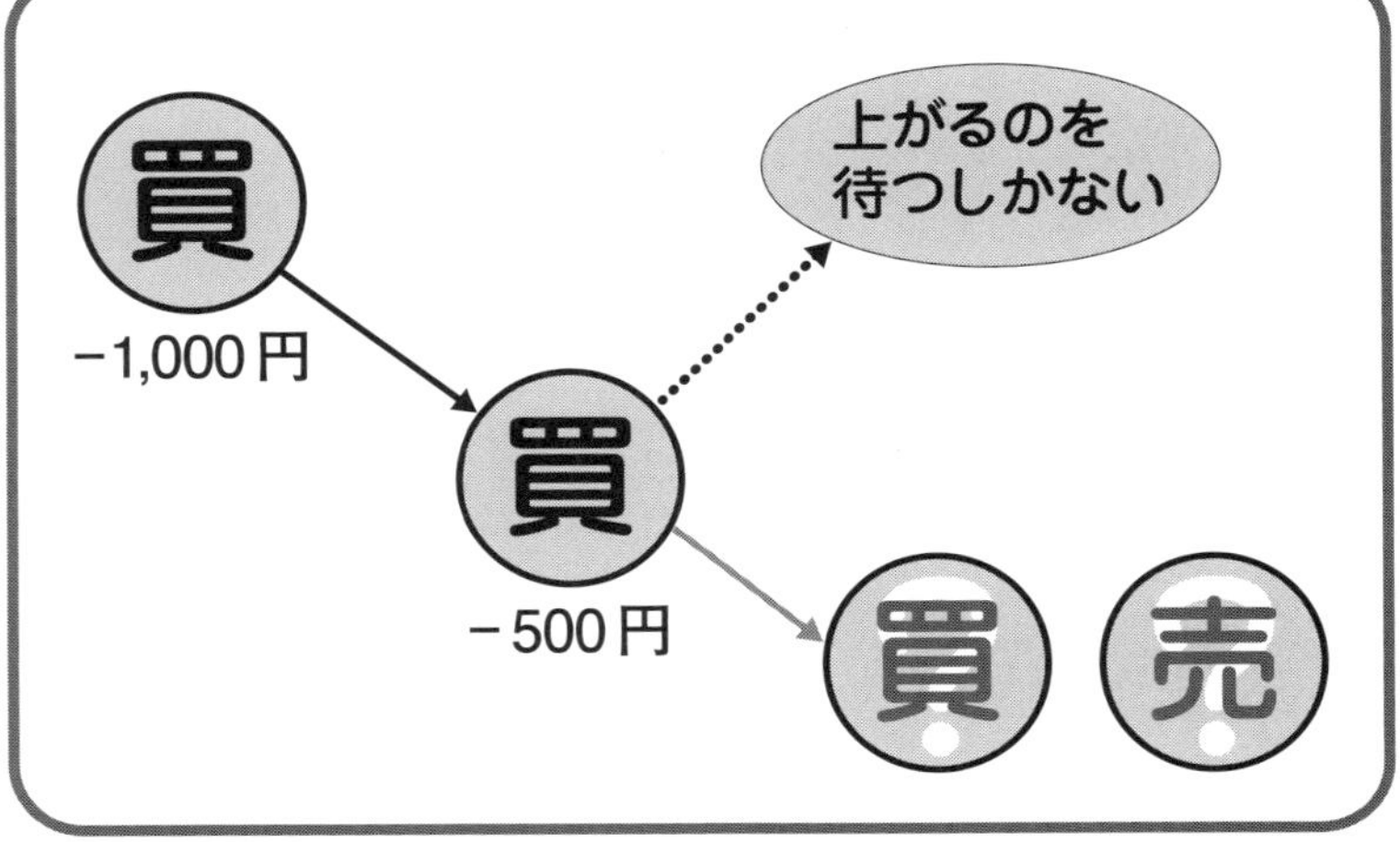

波乗り投資法

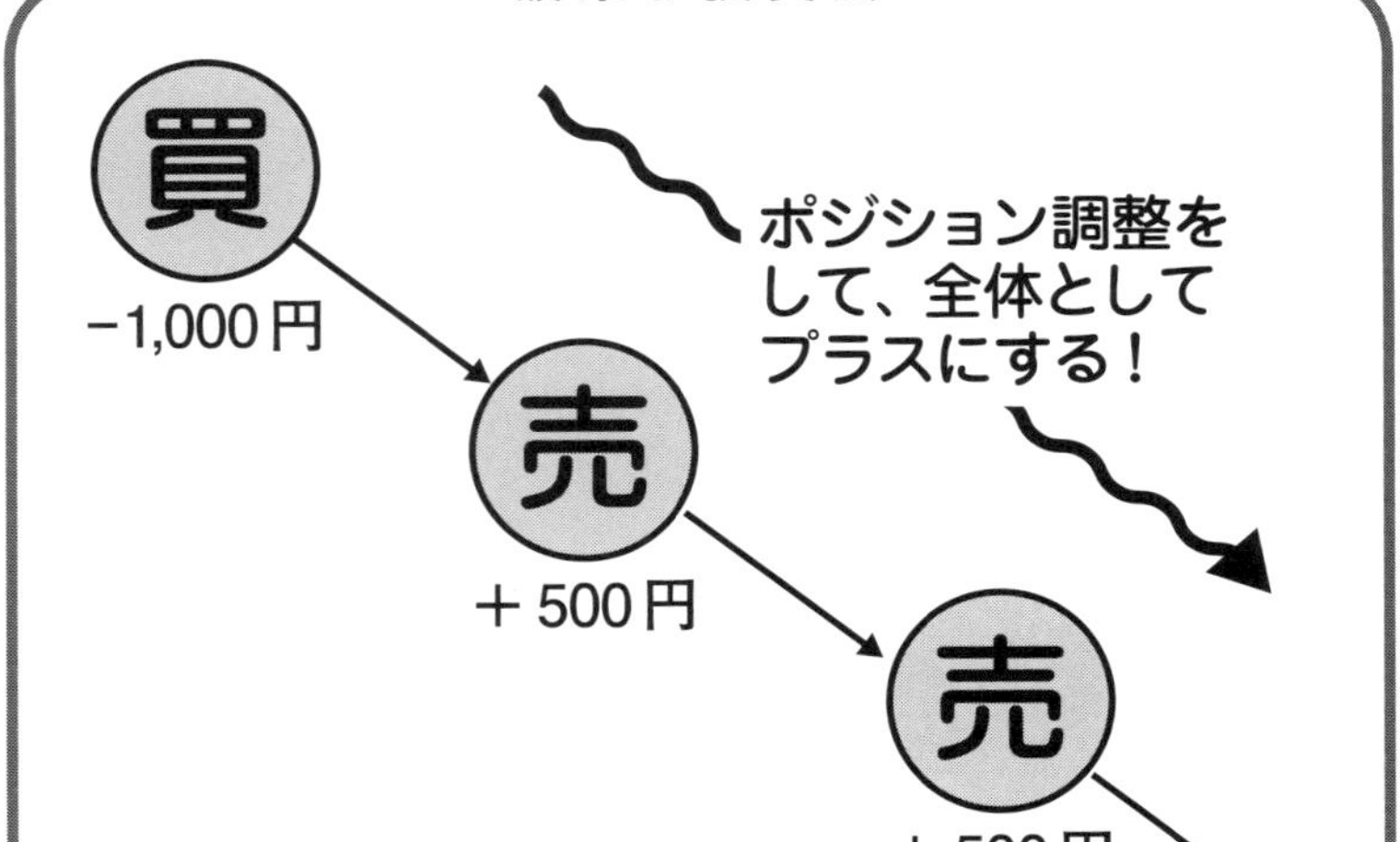

いずれにしても通常の株式取引の場合、「上がる」と予測して買いを入れてその予測がはずれたら、再び株価が上がるのを待つことになります。そのまま下がり続ければ、含み損はどんどん膨らみます。

一方、波乗り投資法は、予測がはずれてもそこから利益が出るようにポジションを取っていきます。

同じように、上がると思って買いを入れたら株価が下がり続けました。そうしたら、売りポジションを加えていき、含み益が買いの含み損を上回るようにする。株価が戻ると思ったら、そこで買いポジションを新たにもって利益を出す。このように、**予測がはずれたとしても、柔軟に複数のポジションを調整することで利益を重ねていく**のです。

予測に反して株価が下がったときの波乗り投資法

波乗り投資法の考え方を、具体的な例をあげて説明しましょう。

たとえば、注目している銘柄の株価が２０００円だったとします。そして、これから株価が上がると判断したので、買いポジションを入れます。波乗り投資法では買いポジションを○、売りポジションを×と表現します。

2000円 ○

です。

その後、株価が2100円に上がったとします。そうしたらそこで100円の利益を確定させてもいいですし、買い増しして、

2000円 ○

2100円 ○

というポジションにするのもいいでしょう。これは、波乗り投資法でも通常の取引でも考え方は変わりません。

問題は、予測がはずれたときです。

上がると思って2000円で買いを入れたあと、予測がはずれて株価が1900円に下がったとします。これが一時的な下落だと思えば、そのまま動かないで株価が戻るのを待つのがひとつの方法です。

ただ、そのまま株価が下がりそうな気配がしたらどうでしょうか。通常の株式取引では、

株価が上がるのを待つことになります。1900円で新たに買いを入れ、平均取得単価を下げるかもしれません。しかし、株価が上がるのを待つのは同じです。

しかし、波乗り投資法ではそうは考えません。株価が下がりそうなら、株価の動きに合わせてポジションを取っていくことを考えます。たとえば、1900円で売りを入れて、

2000円 ○

1900円 ×

というポジションにするのです。

そこからさらに株価が下がり1800円になったら、売り増しです。もっているポジションは、

2000円 ○

1900円 ×

1800円 ×

です。

その後、株価が1700円まで下がったとしましょう。この時点での含み益・含み損を整理すると、

２０００円　〇　↓　－３００円
１９００円　×　↓　＋２００円
１８００円　×　↓　＋１００円

となります。

含み損になってもほかのポジションで利益が出る

ここでは、いくつかの選択肢が考えられます。

ひとつは、３ポジションとも決済する方法です。３ポジションとも決済すれば、プラスマイナスゼロ。２０００円のときに行った「上がる」という判断ははずれましたが、損失を出すことなく再び取引をはじめることができます。

ただ、ここで株価が底を打ったと思えば「１９００円の売り」と「１８００円の売り」だけを決済する方法もあります。計３００円分の利益をまず確定させるのです。

そうすると、株価が２０００円まで戻らなくても、１８００円まで上がれば、

２０００円　〇　↓　－２００円

ですから、ここで「2000円の買い」を決済すればトータル100円のプラスです。もちろん、株価が2000円まで戻ったところで決済すれば、「2000円の買い」はプラスマイナスゼロ。1700円のときに確定した300円の利益がそのまま残ることになります。

また、株価が1700円から上がると判断したら「1900円の売り」と「1800円の売り」の利益を確定させるとともに、そこで新たに買いポジションをもつこともできます。

2000円 ○
1700円 ○

というポジションにするわけです。そうすると「1900円の売り」と「1800円の売り」で300円の利益が出た上、平均取得単価が1850円になって1850円以上になればこの2つのポジションでも利益が出ることになります。

このケースでは、2000円で買いポジションをもったあとに株価が下がって含み損を抱えましたが、ほかのポジションを加え、そのポジションを調整することで利益を出していきました。

波乗り投資法は売りポジションを活用するため信用取引で行います。信用取引ではオプションによってポジションの保有期間を無期限にすることも可能ですが、私の場合は通常の信用取引のルールに従い、6カ月の保有期間でトレードをしています。仮に決済しないまま6カ月間ポジションを保有していたら、利益になっている、なっていないにかかわらず、強制的に決済されてしまうのです。

よく、保有期限を無期限にしたほうがよいのではないかと言われるのですが、私はいまのところ、保有期間は6カ月で十分と考えています。

波乗り投資法は、あるポジションが含み損を抱えても、ほかのポジションで利益を出してトータルでプラスになればいいと考えます。また、あるポジションが含み損になっても、6カ月以内に値を戻せばいいと考えます。ですから、含み損を抱えることを怖がりません。必

株式投資をする以上、予測が常に100パーセント当たるということはありません。必ず、含み損を抱えるシチュエーションが出てきます。そうしたとき、あわてて狼狽売りを

してしまったり、頻繁にロスカットしたりしていては、なかなか利益を出すことができません。

含み損になっても、あわてずにほかのポジションで利益を出すことを考える。また、ロスカットせずに値が戻るのを待つ。そうすることで、勝ちやすくなるのです。

最初のポジションは「買い」「売り」どちらでもいい

いまのはトレードの一例ですが、予測がはずれても株価の動きに合わせて柔軟にポジションを取ることで利益を出していくという波乗り投資法の考え方が少しおわかりいただけたでしょうか。

単純に考えれば、株価が上がるか、下がるかという予測が当たる確率はフィフティ・フィフティです。そして**予測が当たればもちろん利益が出ますし、予測がはずれてもそこから利益を出していくのが波乗り投資法なのです。**

波乗り投資法では、ひとつのポジションがはずれても、そのあとに複数のポジションを取り、そのポジションを調整することで利益を出します。ですから、**最初のポジションは買いから入っても売りから入っても、どちらでもかまいません**。極端にいえば、どちらでもいいのです。

買いから入って株価が上がればそのまま利益を取っていけばいいですし、株価が下がれば先ほど説明したように買いポジションとともに売りポジションを活用して利益が出るように考えるだけです。

どちらではじめてもいいのですが、株価が上がるのか下がるのか、判断がつかなければ両建てで取引をはじめることもできます。両建てというのは、

3000円　○
3000円　×

のように、同じ株価で買いと売りのポジションを同時にもつことです。

両建てにすると、株価が動いたときにどちらかのポジションは必ず含み損を抱えることになります。

たとえば、3000円の両建てで取引をはじめてから、3200円に株価が上がったと

します。

そうすると、

3000円　○　↓　＋200円
3000円　×　↓　－200円

で、「3000円の売り」は200円のマイナスです。

ここで株価が反転し、下降基調にあると見れば、「3000円の買い」を決済して3200円で売り増しします。

そうすると、

3000円　×　↓　－200円
3200円　×　↓　±0円

となり、そのあと200円のマイナスを上回る利益が出るようにポジションを取ることができます。このあと3100円に株価が下がれば、

3000円　×　↓　－100円
3200円　×　↓　＋100円

で、合わせてプラスマイナス0円。ここで2つのポジションを決済すれば、「3000円

の買い」で出た200円の利益に加えて、マイナスになっていた200円が帳消しになります。3000円のときに両建てせず、3200円になって下降基調を確認したところで取引をはじめれば、3100円になったとき100円のプラスにしかなりません。両建てで早くポジションを取ったほうが、利益が大きくなることになります。

もし、下降基調にあるのではなく、3200円になったあとに株価が上がっていくと判断したとしましょう。その場合、新たに買いポジションをもち、そのポジションのみで利益を狙うようにします。

3200円 ○
3000円 ○
3000円 ×

そうすると、3000円の買いと売りはトータルでプラスマイナス0円になるので、傾向が見えてから新たにポジションをとれるという様子見策として非常に有効になります。

両建てから株価が下がったときの波乗り投資法

いまのは3000円から株価が上がった例ですが、株価は上がるとは限りません。3000円から下がる可能性もあります。そうすると、最初に「3000円の買い」しかポジションをもっていないと含み損だけを抱えることになります。株価が2800円になったら、

3000円 ○ ↓ −200円

です。

もちろんここからポジションを加えて利益を出すことは可能ですが、両建てではじめていれば、

3000円 ○ ↓ −200円
3000円 × ↓ +200円

となり、含み損益ゼロの状態で下落基調にあるなか売りポジションを新たにもち、含み益を伸ばしていくことができます。

両建ては、2つのポジションの含み損益を合計すれば必ずプラスマイナスゼロになるので意味がないと思われるかもしれません。確かに、そのままホールドしている限りはそのとおりです。

しかし、いまお話ししたようにトレンドが見えるまで両建てでもっておき、トレンドが見えたときにトレンドと反対向きのポジションを決済すれば、トレンドと同じ向きのポジションで利益を伸ばすことができます。

そして、2700円になったところで底を打ったと思えば、「3000円の売り」を決済して300円の利益を取り、新たに買いを入れて、

3000円　○
2700円　○

というポジションにします。そうすると、平均取得単価の2850円以上になればこの2つのポジションでも利益が出せることになります。

株式投資では、ポジションをもたなければ絶対に利益を出すことはできません。**上がるか下がるか判断がつかないときは、両建てでまずポジションをもち、利益のタネを仕込む**

わけです。両建ての2つのポジションを合わせると含み損益はプラスマイナスゼロになりますが、これはポジションをもたずに損益がプラスマイナスゼロであるのとはまったく意味が違います。

実際、両建てはかなり使えるやり方です。

トレンドが明確になったら、トレンドと同じ向きのポジションを伸ばしていけば利益を出すことができます。株価が上下を繰り返すようなもみ合いのときも両建てで取引をはじめ、上がったところで買いポジションを決済して利益を出し、下がったところで売りポジションを決済してそこでも利益を出すといったことを繰り返して利益が膨らむことが珍しくありません。「両建ては意味がない」などといわず、ぜひ使ってみてください。

買いポジションと売りポジションの柔軟な調整

波乗り投資法は、株価の動きに合わせて買いポジションと売りポジションを柔軟に調整していくことで利益を出す手法です。

買いポジションしか使えないと下落局面において利益を出すことができませんし、「上がる」という予測がはずれたときに備えて売りポジションをもち、リスクヘッジをすることができません。そのため、買いポジションと売りポジションの両方をもつことができる信用取引で取引を行います。

株式投資をやっていても、現物取引だけをしていて信用取引になじみがない人もいるかもしれませんので、ここで信用取引の仕組みについて簡単に説明しておきましょう。

信用取引は、株式投資に必要な資金、株式を証券会社から借りて行う株式取引です。「なぜ、株を保有していないのに売りポジションをもてるのですか」と聞かれることがよくありますが、**信用取引では証券会社からその銘柄の株を借りることができます**。取引する銘柄の株を証券会社から借りて、売るわけです。このように信用取引で売りポジションをもつことを、自分がもっていない株を売るので「空売り」といいます。

反対に、**買いポジションをもつときは証券会社から資金を借りて株式を購入します**。信用取引で買いポジションをもつことを、自分のものではない資金で買うので「空買い」といいます。

ただ、まったく自己資金なしに空買いのためのお金や空売りのための株を証券会社から借りることはできません。証券会社に保証金を入れる必要があります。この保証金のことを、委託保証金といいます。

委託保証金は、売買が成立した金額の30パーセント以上入れることになっています。この割合は証券会社によって異なりますが、おおよそ30～33パーセントの間。売買した金額の約3分の1を委託保証金として入れればいいことになります。これを逆に見ると、信用取引では委託保証金の約3倍の取引ができるということになります。ですから、**「信用取引では3倍のレバレッジが効く」**と表現することもあります。

空売りでは株式を、空買いでは資金を証券会社から借りて取引を行います。当然、借りたものですから証券会社に返さなければなりません。この決済期日は、6カ月。**空売りの場合には空売りをした日から6カ月以内に借りた株式を、空買いの場合は空買いをした日から6カ月以内に資金を返します。**

保有期間を無期限にできるオプションもありますが、私の場合は使っていません。

この6カ月というのは、営業日で180日ではなく、6カ月後の応答日です。3月1日に空買いをしたら、9月1日が決済期日。8月1日に空買いしたなら、翌年の2月1日が決済期日です。決済期日が休日の場合、その前営業日が決済期日です。

大きく分けて、信用取引は取引所の規則によって取引を行う「制度信用取引」と、各証券会社が定めた規則によって取引を行う「一般信用取引」の2種類があります。この6カ月という決済期日は制度信用取引のもの。一般信用取引では、各証券会社が定めた返済期間で返済すればいいことになっています。ただ言葉がややこしいのですが、一般的に信用取引として行われているのは制度信用取引のほうですので、本書では6カ月の決済期日で話を進めます。

返済は、株式の現物や現金を証券会社に渡す「実物決済」でも行うことができます。しかし通常は、最初の取引と反対の売買を行って差額を受け渡す「差金決済」が利用されています。

空売りで取引をはじめた場合、6カ月以内にその株を買って証券会社に返済します。しかし、空売りで株を借りたときと返済のために買うときでは、株価が異なります。返済時に値上がりしていると、借りたときに払った分では足らなくなります。ですから、証券会社に値上がり分を支払って決済します。

逆に、返済時に株価が値下がりしていると、借りたときに余分にお金を支払っていることになります。ですので、値下がり分を証券会社から受け取って決済します。空売りでは、値上がりすれば損失が出ますし、値下がりすれば利益が出ます。それは、実際には証券会社とのこのようなやり取りで実現するわけです。

空買いの決済も、考え方は同じです。**空買いで取引をはじめた場合、6カ月以内にその株を売って借りた資金を証券会社に返済します。**そのとき、値上がりしていれば借りた資金以上のお金が証券会社に渡ることになります。ですから、値上がり分を証券会社から受け取って決済します。

反対に、返済時に値下がりしていれば、借りた資金より少ないお金しか証券会社に渡すことができません。ですから、値下がり分を支払って決済することになります。空買いで値上がりしていれば利益が出る、値下がりしていれば損失が出るというのは、このような仕組みによるものです。

「信用取引は、証券会社からお金を借りるので怖い。自己資金で投資するほうが安心」という人もいますが、仕組みを理解すれば恐れる必要はありません。それより、株は上がるときだけでなく下がるときもありますから、現物取引で買いポジションしかもてないほうがよほどリスクがあります。

ぜひ買いと売りの両方のポジションをもてる信用取引を活用して、波乗り投資法を実践してみてください。

第3章

波乗り投資法7つのルール

取引の内容はあらかじめ決めておく

波乗り投資法は、予測に頼ることなく、株価の動きに応じて複数のポジションを調整することで利益をあげる投資手法です。

そして、そこには7つのルールがあります。このルールさえ守れば、あとは「こうしなければいけない」という決まりは特にありません。ファンダメンタルやテクニカルの細かな分析は要りませんし、チャートに張り付いている必要もありません。7つのルールにしたがって株価がどう動いたらどのように取引するのかをあらかじめ決めておき、そのとおりに取引するだけです。

取引の選択肢は、

- **もっている買いポジションを売って決済する**
- **もっている売りポジションを買って決済する**
- **新たに買いポジションをもつ**

・新たに売りポジションをもつ

・何もせずに待つ

の5つ。この5つを組み合わせて、たとえば「株価が100円上がったら、新たに買いポジションをもつ」「株価が100円下がったら、新たに売りポジションをもつ。株価が200円下がったら、もっている買いポジションを売って、新たに売りポジションをもつ」のようにポジションの取り方を考えておきます。そして、株価が取引を考えていた価格まで動いたら、あらかじめ考えていた取引を行うだけです。

ですから、**波乗り投資法は1日1回、株価をチェックするだけでできます**。そのとき、取引を考えていたところまで株価が動いたら取引を行います。もし取引を考えていたところまで株価が動いていなかったら、その日はスルー。何もしません。私も、株価を見るだけで何のポジション調整もしない日がよくあります。

株式投資では、待つというのも重要な戦略です。株価がそれほど動かない時期というのは、必ずあります。先にも説明しましたが、そこで無理にポジションを取る必要はありません。細かくポジション調整をしていないと株をやっている気分にならない人もいますが、自分が考えていた株価になるまで待つようにします。

大切なのは、株価が上がったとき、下がったときの両方を想定して、どういう取引をするかをあらかじめ決めておくこと。株価がいくら上がったらこうする。株価がいくら下がったらこういうポジションにする。これを常に考えておくことです。

そして、次に挙げる7つのルールを守れば、勝率の高い波乗り投資法ができるはずです。

〈ルール①〉 1つの銘柄で取引する

波乗り投資法は、いくつもの銘柄に投資する必要はありません。1つの銘柄で取引を行い、利益を出していきます。

通常の株式投資では、分散投資で複数の銘柄に投資します。そして、このうちのいずれかがマイナスになっても、残りの銘柄で利益を出してトータルでプラスになればいいと考えます。

しかし、世界的な経済状況の悪化などによって株価が全面安になったらどうでしょう。

投資した銘柄がすべて損失を出すことになります。そして、このように相場全体が同じように動く状況は珍しいことではありません。

一方、波乗り投資法は1つの銘柄を選び、その銘柄で買いと売りのポジションを調整しながら取引します。1つの銘柄に対し、タイミングをずらして異なる株価で買いと売りのポジションをもつため、1つの銘柄の中でリスクヘッジをすることができます。そして**上昇局面でも下落局面でも利益を出すことができますから、複数の銘柄に投資する必要がない**のです。

もちろん、2銘柄でも3銘柄でも波乗り投資法をすることはできますが、1つの銘柄に絞ったほうが勝率は高くなります。

複数の銘柄でさまざまなポジションをもっていると、取引の判断が複雑になります。銘柄を1つに絞ってそこでの判断の精度を高めたほうが、複数の銘柄で精度の低い判断を重ねるより利益が出しやすくなるのです。

また、1つの銘柄で投資を続けていると、決算発表時の動きや米国株・為替との連動の仕方など、その銘柄の株価のクセがわかってきます。いろいろな銘柄を見ているよりも取引の精度が高くなり、利益をあげやすくなります。

〈ルール②〉 決済するのは利益が出たとき

利益を確定させるタイミングは、株式投資でむずかしいポイントです。

含み益が出たとしても、その後の株価の動きによって含み益が含み損に転じることもあります。その場合、「早めに利益を確定させておけばよかった」ということになりますが、待っていればさらに含み益が増える可能性もあります。誰もが天井で売りたいと思っていますが、実際にはむずかしいことはみなさんも実感されているのではないでしょうか。

波乗り投資法は、一攫千金で大きな利益を狙うのではなく、着実に利益を積み重ねて勝つ手法です。ですから、決済するタイミングは利益が出ているとき。**何パーセント上がるまで待たなければいけないといった決まりはありません**。

たとえば、2000円で買いポジションをもって取引をはじめたとします。そして

２１００円になったら、その時点で利益を確定してもかまいません。

波乗り投資法は複数のポジションを調整しながら利益を出していきますが、必ず３ポジション、４ポジションともっていなければいけないわけではありません。予測どおりに株価が動けば決済せずにホールドしたほうが利益は大きくなりますが、株価は期待どおりに動くとは限りません。最初に取ったポジションで含み益が出たら早めに利益を確定し、新たに取引をはじめるのはひとつの方法です。


もちろん、利益が出たらすぐ決済しなければいけないわけではありません。もっと含み益が増えると思ったらそのままホールドしてもかまいません。ただ、そのときは含み益が減る可能性も考え、そのリスクがあることをわかった上でホールドしましょう。そして、上がったときだけでなく、下がったときにどのような取引をするかをあらかじめ考えておきます。

先ほどの例でいえば、株価が２０００円の段階で「２１００円に上がっても利益を確定せずそのままホールド。２２００円になったら利益を確定する。１９００円に下がったら『２０００円の買い』はそのままにして、売りポジションを加える」といった具合です。

また、**1つのポジションではなく、複数のポジションを組み合わせて利益を確定させることもできます**。2000円から取引をはじめて、

2000円　○
2200円　×
2100円　×

というポジションになったとします。現在の株価は2100円です。

ここで、株価が2000円に戻ったら「2000円の買い」「2200円の売り」という2つのポジションを同時に決済します。

2000円　○　↓　±0円
2200円　×　↓　+200円

ですから、2つのポジション合わせて200円のプラスで利益が確定。このように、**2つ以上のポジションを同時に決済することを相殺決済といいます**。そして、株価2000円で「2100円の売り」が残ったところから、再び取引をはじめます。

また、「2200円の売り」だけを決済して200円の利益を確定させ、「2000円の買い」と「2100円の売り」を残すこともできます。第4章で詳しく説明しますが、こ

れは100円の利益が固定された形。この2つのポジションをセットで考えると、株価がどのように動いても100円の含み益が取れることになります。

このように、利益の取り方はいろいろなパターンが考えられます。そして、利益の幅は利益の取り方によって違ってきます。しかし、「こういうときにこうすれば必ず利益が大きくなる」という絶対的な方程式はありません。相場の状況によっても変わりますし、銘柄によっても変わってきます。

ただ、**経験を積めば「こういうときにはこう利益を取ればいい」ということがだんだんわかってきます**。また、第6章で説明する「過去トレード」や「バーチャルトレード」で練習すれば、その感覚がある程度つかめると思います。それまでは、とにかく「含み益が出ているときは、いつ利益を確定させてもかまわない」というくらいに、おおまかに考えておいてください。

〈ルール③〉 もつポジションは5つまで

波乗り投資法は、株価の動きに合わせ、買いと売りのポジションを調整していくことで利益を積み重ねる手法です。

そして、買いと売り合わせて最大5つのポジションを同時にもつようにします。「買い・買い・売り・売り・買い」という組み合わせでもいいですし、「売り・売り・売り・買い・買い」という組み合わせでもかまいません。買いと売りのポジションが、合計5つまでです。

最大5つまでなので、**常に5つのポジションをもっていなければならないというわけではありません。**

たとえば、これから株価が上がると予測して1700円で買いのポジションをもったとします。

その後、株価は予測どおりに上がったため、1800円で買い増しして2ポジション目も買いポジションをもちました。いまもっているのは「買い・買い」という2つのポジションです。そしてその翌日、2000円まで株価が上がりました。

ここで、まだ3つのポジションが空いているからといって2つの買いポジションをホールドしたままポジションを5つまで増やす必要はありません。あわてて決済せずに待ったほうが利益が大きくなるケースも多いものの、1700円の買いは300円、1800円の買いは200円と、2つのポジションはこの時点でどちらも利益が出ています。ここでいったん利益を確定し、ポジションをゼロにして再び取引をはじめるのはOKです。

しかし、ポジションを増やしていき5つのポジションをもったら、それ以上ポジションは増やしません。そして、新たなポジションをもちたいときは、いずれかのポジションを決済してポジションを空けるようにします。

たとえば、先ほどと同じ銘柄で2つの買いポジションを決済せず、2000円で売りポジションを加えたとします。その後、株価はさらに上がり、2100円になったので買いを入れました。

ここまでのポジションを整理すると、

1700円 ○
1800円 ○
2000円 ×
2100円 ○

です。

しかし株価の勢いは止まり、1900円に下がったので売りポジションをもちました。これで5つのポジションがすべて埋まったことになります。

そして株価はさらに下落し、1800円になったとします。ここで様子見をして何もしないという選択もありますが、新たにポジションをもちたい場合はすでにあるポジションを決済してポジションを空けるようにします。

現在の株価は1800円ですので、もっているポジションの含み益・含み損は次のようになります。

1700円 ○ ↓ +100円
1800円 ○ ↓ ±0円
1900円 × ↓ +100円

2000円　×　↓　＋2000円

2100円　○　↓　－300円

2100円の買いは300円のマイナスですが、1700円の買いは100円のプラス、2000円の売りは200円のプラスで計300円のプラス。1800円の買い以外の4ポジションのトータルでは100円のプラスです。そこで4ポジションを決済して100円の利益を取り、空いた4つのポジションで取引を続けます。

〈ルール④〉含み損はロスカットではなく相殺決済で対処する

通常の株式投資では、たとえば「株価が20パーセント下がったら自動的に売る」というようにルールを決めてロスカットすることが多いと思います。

しかし、波乗り投資法では一時的に含み損を抱えることを前提としているので基本的にロスカットは行いません。

ロスカットを行いたい場合は含み損のポジションと一緒に含み益になっているポジションも同時に決済し、単日で損失を出さないようにします。これが相殺決済です。

たとえば、**ポジションを空けるために2つのポジションで相殺決済することがあります。**例を見ながら説明しましょう。

これから株価が上がっていくと判断し、3000円で買いを入れて取引をはじめました。しかし予想に反して株価が下がってきたので、2900円で売りポジションをもちます。さらに株価は下がり2800円になったので、売り増し。そして、2700円にまで下がったのでここからは反発すると考え、買いポジションを入れました。

ポジションを整理すると、

3000円　○
2900円　×
2800円　×
2700円　○

です。

このあと、株価は2800円になりました。しかし、まだ本格的な反発ではないかもしれないので、様子を見ます。そして、再び2700円に株価が戻ったので、ここでリスクを抑えるために売りポジションをもちました。これで、5つのポジションがすべて埋まったことになります。

そして、株価は2800円に上がりました。はずれてもよい予想ですが、株価は底を打ったと判断しました。買いポジションをもちたいところです。しかし、ポジションは5つすべて埋まっているので空ける必要があります。ここで相殺決済です。

この時点でもっているポジションの含み損益を整理すると、

3000円 ○ ↓ －200円
2900円 × ↓ ＋100円
2800円 × ↓ ±0円
2700円 ○ ↓ ＋100円
2700円 × ↓ －100円

です。

ここで、「2700円の売り」と「2900円の売り」を決済します。2700円の売りがマイナス100円なのでロスカットになってしまいますが、2900円の売りがプラス100円なので2つのポジションでの合計はプラスマイナス0円で単日で損失は出ていません。これが相殺決済です。そうすることで、損失を出さずに速やかに空きポジションをつくることが可能です。そのうえで2800円の買いポジションをもちます。

これでもっているポジションは、

3000円 ○ ↓ －200円
2800円 × ↓ ±0円
2800円 ○ ↓ ±0円
2700円 ○ ↓ ＋100円

となり、2800円で両建てのポジションをもつ形が残りました。ここから、4つのポジションを調整していきます。

いまの例では1つの売りポジションと1つの売りポジションで相殺決済してポジション調整をしましたが、2つの買いポジションと1つの売りポジション、3つの買いポジションと1つの売りポジションといった組み合わせでも相殺決済することがあります。

たとえば、別の銘柄で3100円だった株価が3000円で底を打ち、そこから上昇に転じて3300円まで上がったとします。この間に取ったポジションは、

3000円 ×
3100円 ◯
3100円 ×
3200円 ×
3300円 ◯

でした。

そして、株価の勢いはとまらず３４００円になったとします。さらに買いを入れるべきだと判断しましたが、ポジションが空いていません。そこで、３０００円の売りポジション、３１００円と３３００円という2つの買いポジションをすべて決済することにします。

現在の株価は３４００円ですから、

3000円 × ↓ −400円
3100円 ◯ ↓ +300円
3300円 ◯ ↓ +100円

で取引全体で見るとプラスマイナス０円の相殺決済です。

このように波乗り投資法では単独のポジションではロスカットせず、**複数のポジション**

の組み合わせで相殺決済しますが、例外がひとつだけあります。それは、信用取引の決済期限である6カ月を迎えるときです。

前に述べたように、一般的な信用取引では6カ月以内に取引をはじめたときと反対の返済売買をして決済する必要があります。

決済期日を迎えると、自分の判断とは関係なく決済を行わなくてはならなくなります。波乗り投資法では株価の動きに合わせて細かくポジション調整していくので、ある取引が返済期限を迎えることは決して多くありませんが、意思とは関係ない売買を避けるため、**決済期日の2カ月くらい前からそのポジションを相殺決済して消すことを意識しましょう。**

たとえば、3月1日に1500円で買いをもったとします。このあと株価が低迷し、800円から1300円の間で推移しました。この間にもほかの4つのポジションで利益をあげたものの、「1500円の買い」はずっと残っていました。そして、8月10日には株価1300円で次のようなポジションになりました。

1500円　○　↓　－200円

1300円　×　↓　±0円

1200円　×　↓　＋100円
1100円　○　↓　＋200円

「1500円の買い」が信用取引の決済期日を迎えるのは9月1日。3週間を切っています。ですので「1500円の買い」を消すことを優先して考えます。

そこで、「1500円の買い」と「1100円の買い」で相殺決済します。「1500円の買い」はマイナス200円、「1100円の買い」はプラス200円なので、合わせてプラスマイナス0円の相殺決済。利益は出せていませんが、保有期限が迫っていた「1500円の買い」を消すことができました。

そして、残ったのは

1300円　×　↓　±0円
1200円　○　↓　＋100円

で、100円の含み益が出ているところから取引を続けます。

〔ルール⑤〕資金を5分割する

波乗り投資法は、最大5つのポジションで取引を行います。

この5つのポジションは、資金を均等に5分割してもつようにします。これを「資金5分割法」といいます。波乗り投資法はリスクを減らして投資を行う手法ですので、均等に資金を割って、一つひとつのポジションのリスクが大きくなるような状況をつくらないようにするのです。

信用取引では、レバレッジにより資金の約3倍までの取引が可能です。ですから、自分の資金で1ポジションあたりどれくらいの取引ができるかは、

投資資金×3÷5

で計算することができます。

たとえば自己資金が100万円なら、

100万円×3÷5＝60万円

で、60万円が1ポジションあたりの上限となります。

たとえば、資金が100万円で、現在株価が3500円の銘柄で取引するとしましょう。この銘柄の単元株数は100株です。

3500円で100株取引する場合、1ポジションで必要な額は35万円です。これは1ポジションあたりの上限である60万円以下なので、問題ありません。

この銘柄の株価が2950円まで下がったとします。そうすると、200株取引するために必要な額は59万円。今度は、200株でポジションをもつことができます。

たとえば、

3500円 × 100株
2950円 ○ 200株

というポジションの取り方をすることになります。

大切なのは、**5分割した額を超えない株数でポジションを取る**ことです。

たとえば、この銘柄で株価が3050円になったとしましょう。200株取引するためには、61万円が必要です。これは、1ポジションあたりの資金である60万円より1万円だけオーバーしています。
このとき「1万円くらいいいか」と思ってポジションを取るのは禁物です。確かに、そのようにポジションを取れば、利益が出るときに儲けが大きくなるかもしれません。しかし、それに伴ってリスクも大きくなることを忘れてはなりません。

波乗り投資法は、できるだけリスクを抑えながら利益を出していく手法です。ギャンブルのように、1つのポジションで大きな利益を取ることを目指すやり方ではありません。1ポジションあたりの資金を超えてポジションを取ってしまうと本来の目的が失われ、リスクヘッジの意味がなくなってしまいます。

もちろん、実際には1万円だけなら取引に大きな影響が出ることはありません。しかしいったんルールを崩してしまうと、必ず5分割した額から5万円、10万円と超えて取引するようになります。そして、そのときの気分によってほかのルールまで守らないようになってしまうのです。

ルールを無視して取引していれば、波乗り投資法のメリットを享受することはできませ

ん。ルールは厳格に守るようにしてください。

また、怖いのはケアレスミス。発注するときは株数を間違えないように注意しましょう。パソコンや携帯を用いてのトレードでは、ボタン1つでケタが違ってきます。100株で買いポジションをもとうと思っても、間違って「1000株」と入力してしまえば資金5分割法は簡単に崩れてしまいます。

そのほか、買いと売りを押し間違えたり、信用取引をしたつもりが現物取引をしてしまったなどという失敗も実際に起こりえます。想定していなかった取引をして損をすると、メンタルにこたえます。十分注意してください。

〔ルール⑥〕 1つは異なるポジションを入れる

波乗り投資法では、買いと売りを組み合わせて最大5つまでのポジションを同時に取ります。そして、ポジションを5つ取るときには最低1つは反対方向のポジションをもつようにします。つまり、「買い・買い・買い・買い・買い」や「売り・売り・売り・売り・売り・

売り」といったポジションの取り方は避け、「買い・買い・買い・買い・売り」や「売り・売り・買い・売り・売り」といったバランスにするわけです。

これは、リスクを抑えるためです。

資金のすべてを同じ方向のポジションに入れてしまうと、反対方向に株価が動いたときに大きな損失を出すことになります。これは、できるだけリスクを抑えながら利益を積み重ねる波乗り投資法の考え方に反します。

たとえば、投資を考えている銘柄の株価が現在3000円で、これから値上がりすることを予測して買いポジションを取りました。すると予想とは反対に値下がりし、2900円になりました。そこで、「次は反発するんじゃないか」と思って買い増しします。

しかしそれからも株価は下がり、2800円になりました。「今度こそは値上がりするだろう」と考えて、ここでも買いポジションを取ります。すると、株価はなおも値下がって2700円になりました。もう底を打つはずだと思って、さらに買いポジションを入れます。

この時点でのポジションをまとめると、

3000円　○
2900円　○
2800円　○
2700円　○

です。

しかし、その後も株価は下がって2600円になりました。このときにどうするか。よくあるのが、「もういい加減、値上がりするはずだ」と熱くなって買いを入れてしまうパターンです。

しかし、波乗り投資法ではここでは買いポジションを取りません。**どれほどその予測に自信があったとしても、反対の売りポジションを取ります**。もしここで買いポジションを取ってしまえば、それからさらに値下がりをしたときに手も足も出なくなってしまいます。値が戻ってこなかったときには、大きな損失を出すことになります。

そこで、5ポジション目は売りポジションを入れ、全体では

3000円　○
2900円　○

２８００円　○
２７００円　○
２６００円　×

とします。

ここから予測どおり値上がりをはじめた場合、「２６００円の売り」からは損失が出ることになりますが、ほかの買いの４ポジションから利益が出るので、トータルでは利益を取ることができます。

ここからさらに下がったらどうでしょう。一番避けたいのは含み損が最低委託保証金以上になってしまい、追証（最低保証金維持率を下回った場合に、追加で差し入れなければならない委託保証金のことです）が発生し、追加資金を入れないと強制的に決済されてしまうことです。

最低保証金維持率が30パーセントだとすると、資金が５００万円のときに４５０万円以上の含み損を抱えてしまうと追証が発生してしまいます（最低保証金維持率は証券会社によって違います）。

２６００円のときに反対売買である売りを入れずに買いを入れて、５ポジションすべて買いにした際は追証が発生してしまう株価は１９００円です。

それに対して、２６００円のときにルールに従い反対売買の売りをもっておくと、追証が発生してしまう株価は１４３４円まで遠ざけることができます。

現実的に考えて、まず発生しない株価まで追証が発生する株価を下げることができるため、必ずひとつは反対売買をもつようにすることが重要なのです。

このように、５つのポジションが同じ向きのポジションにならないようにして、大きなリスクを避けながらリスクを取ることを考えます。

いまは最初の４ポジションがことごとく予測とはずれたケースでしたが、予測どおりにいったときも５ポジション目は反対のポジションをもつようにします。

３０００円から株価が上がっていき、順次買い増しして、

3000円　○

3100円　○

３２００円　○
３３００円　○

となりました。このあと３４００円に上がったら、強い上昇基調にあると思うかもしれません。また、実際にそうなのかもしれませんが、４つ買いポジションが並んでいるので、

３０００円　○
３１００円　○
３２００円　○
３３００円　○
３４００円　×

とします。

これも第4章で詳しく説明しますが、「３３００円の買い」と「３４００円の売り」の2ポジションを合わせて考えると、このあと株価がどう動いても１００円の利益が出るようになっています。

このあと、３１００円まで株価が下がっても、

3300円　○　↓　－2000円
3400円　×　↓　＋300円

で、この2つはいつでもトータルで100円のプラスです。

実際、株価が上がるのに合わせて買い増ししていると、株価が突然下がっていくことがあります。そうしたとき、買いポジションしかもっていないと含み益が一気に含み損になってしまいますが、保険として売りをもっていればしっかりと利益を取ることができます。

もちろん、3400円から株価がさらに上がれば、3000円から3300円の買いが効いて、大きな利益を出すことができます。

〈ルール⑦〉 買い増し・売り増しのときには株価を離す

波乗り投資法では、5ポジションがすべて同じ方向にならなければ、同一方向でポジションを重ねることができます。買いポジションで取引をはじめてから買い増しして「買い・買い」というポジションをつくってもいいですし、売りを重ねて「売り・売り」というポジションをつくることもできます。

ただし、同一方向でポジションを重ねるときには株価を離すようにします。

たとえば、3000円で買いポジションを取ったあと、3010円で買いポジションをもつことはあまり意味がありません。**株価が近いと、2つのポジションをもちながら、実質的には1つのポジションしかもたないのと同じことになります**。5つまでというポジションの枠が、ほとんど意味がなく1つ埋まってしまいます。

株価を離す目安は、3パーセント以上。株価が1000円なら、30円以上動いたときに買い増し、あるいは売り増しするようにします。

たとえば、

1000円 ○

1050円 ○

というポジションの取り方です。

もちろん、反対方向の売買を重ねるときには株価を離す必要はありません。

1000円 ○

1020円 ×

はオーケーです。反対方向の売買の場合、株価が近くてもポジションに違う意味があるからです。株価が近いどころではなく、同じ株価で買いと売りの両方のポジションをもつ両建てで、

1000円 ○

1000円 ×

というやり方も波乗り投資法ではあるほどです。

同一方向でポジションを重ねるときに株価を離すことには、リスク管理の意味があります。

たとえば上昇トレンドだと判断し、1000円で買いをもち、すぐに990円で買い増ししたとします。この場合、株価がそのあと下がって989円以下になれば、2ポジションで含み損を抱えることになります。

しかし、1000円で買ったあとに予測がはずれて株価が下がっても、900円で買い増しすれば、平均取得価格の950円以上に株価が戻ったときに利益が出ることになりま

す。

ポジションを重ねるときに株価の幅を取らないと、予測と反対方向に株価が少し動いただけで両方含み損になるわけです。

もちろん、この方法を取ることで利益が薄くなることもあります。

たとえば、上昇トレンドだと判断して1000円で買いポジションをもち、すぐに1010円で買い増しをしたとします。この場合、株価が1005円以上になれば2つのポジションの合計で含み益をもつことになります。

1000円で買い、3パーセント以上離してポジションを重ねるというルールを守って1100円で買い増しした場合、1050円以上にならなければ2つのポジションで含み益にはなりません。

このあと、株価が1200円まで上がったとすると、最初の取引では

1000円 〇 ↓ ＋200円
1010円 〇 ↓ ＋190円

で合計390円の含み益。しかし、2つめの取引では、

１０００円　〇　↓　＋２００円
１１００円　〇　↓　＋１００円

で合計３００円の含み益となり、最初の取引より利益が少なくなります。

このように、予測が当たったときには株価を離さずにポジションを重ねたほうが利益は大きくなります。しかし、必ずしも予測が当たるとは限りません。先の例のように、予測がはずれて反対方向に株価が動くこともありえます。そうしたときには、株価を離さずにポジションを重ねるとリスクが大きくなります。

波乗り投資法はなるべくリスクを抑え、負けない取引をする手法です。ですので、同一方向でポジションを重ねるときには、「株価を離す」がルールになるのです。

第4章

波乗り投資法ケーススタディ

波乗り投資法を使いこなすには「コツ」がある

波乗り投資法では、「買い・買い・売り」もしくは「売り・売り・買い・売り」というように1つの銘柄で買いと売りのポジションを5つまでもち、ポジションを調整することで利益を出していきます。

この手法は、通常の株式投資とはかなり異なるものです。通常の株式投資では株価が上がりそうな銘柄を選び、買いポジションをもったまま、ある程度の利益が出たところで売却して利益を出す形を取ります。

一定の含み損になったらロスカットしてその銘柄が上昇する局面を待ったり、ほかの銘柄に乗り換えるようなことはありますが、買いポジションだけで株価が上がるのを「待つ」のが基本的なスタンスです。3年、5年といったスパンで投資する長期投資でも、1日で売買を繰り返すデイトレードでも、これは変わりません。

買い増しして複数のポジションをもつことはありますが、「買い・買い」「買い・買い・

買い」というように買いだけでポジションを構成することになります。

信用取引を行っている人なら、上昇局面では買いポジション、下落局面では売りポジションをもって「買い・買い」「売り・売り」といったポジションの組み合わせにすることはありますが、1つの銘柄で買いポジションと売りポジションを同時にもつことはそれほどないと思います。

ですから、1つの銘柄で買いと売りのポジションを同時にもち、随時ポジションを調整しながら利益を出していく波乗り投資法には最初、戸惑いを覚えるかもしれません。

しかし、慣れてしまえば**これほどフットワーク軽く、どのような局面でも利益を積み重ねられる手法はない**と思います。第3章では波乗り投資法のルールをお話ししましたが、この章では波乗り投資法をするなかで見るべきポイントをケーススタディでいくつかご紹介します。波乗り投資法を使いこなすためには、ちょっとしたコツがあります。

〈ケース①〉「下の買い」と「上の売り」で利益を固定する

ある銘柄で、株価が3000円のときに買いポジションをもって取引をはじめました。

予想どおり株価は上がっていき、３２００円で買い増し。そして、３３００円で上昇が落ち着いたと判断し、売りポジションをもちました。

現在のポジションは、

３０００円　〇

３２００円　〇

３３００円　×

です。この状況をどのように見ればいいでしょうか。

波乗り投資法をする上で、大切なポイントがあります。それは、**「最も株価が近い買いポジションと売りポジションの差額」**です。

いま、最も近い売りと買いのポジションは「３２００円の買い」と「３３００円の売り」です。このように**「株価下の買い」と「株価上の売り」という組み合わせの場合、その差額で利益が固定されます。**「３２００円の買い」と「３３００円の売り」の差額は１００円ですから、この組み合わせで１００円の利益が固定されていると見ることができます。

詳しく説明しましょう。

現在、株価は3300円です。この時点で「3200円の買い」と「3300円の売り」の損益は、次のようになっています。

3200円 ○ ↓ ＋100円
3300円 × ↓ ±0円
計 ＋100円

このあと株価が3400円に上がったら、2つの組み合わせの損益はどうなるでしょうか。

3200円 ○ ↓ ＋200円
3300円 × ↓ －100円
計 ＋100円

となり、同じように2つのポジションで100円の含み益です。

株価が下がったときも見てみましょう。株価が3200円になると、

3200円 ○ ↓ ±0円
3300円 × ↓ ＋100円

計　+100円

で、やはり100円のプラスです。株価が大きく上がっても下がっても、「100円の含み益」という関係は変わりません。たとえば、株価が2800円まで下がったとしても、

3200円　○　↓　−400円

3300円　×　↓　+500円

計　+100円

で、やはり100円の利益です。「3200円の買い」と「3300円の売り」という組み合わせは、その後株価がどのように動いても100円の利益で固定されているのです。

この組み合わせを100円で利益が固定されているセットと考え、残った「3000円の買い」と余っている2つのポジションを使って利益を増やしていくというのが波乗り投資法の基本的なテクニックのひとつです。

3000円で取引をはじめ、3300円になったときに下がっていくと判断して売りを入れた時点に戻りましょう。現在のポジションは、

3000円　○

３２００円　○
３３００円　×

です。

「３３００円の売り」をもつのと同時に「３０００円の買い」を決済し、３００円の利益を確定するのはひとつの方法です。しかし、株価は予測どおりに動くとは限りません。ここから、さらに上がる可能性もあります。

ここで、取引の判断をする上で重要なポイントがあります。それは、**現在もっているポジションで「利益が出る株価」を把握する**ことです。

通常の株式投資では、「購入時の株価＝利益が出る株価」です。買ったときの株価より上回っていれば利益が出ますし、下回れば損失です。しかし、波乗り投資法では買いと売りで複数のポジションをもち、さらにポジションをもったときの株価がそれぞれ異なります。ポジションが多くなると利益が出る株価がわかりにくくなるので、しっかり把握するようにします。

この場合、「３２００円の買い」と「３３００円の売り」の組み合わせで１００円の含み益は固定されています。ですから、「3000円の買い」がマイナス100円になる2900円まで株価が下がらない限り、3つのポジションの合計では利益が出ることになります。2900円が、利益が出る株価です。

利益が出る株価が2900円とわかれば、株価がそこまで下がってもいいと考え、さらに上がっていく可能性も考慮して「3000円の買い」をホールドするというやり方も可能になってきます。このように、利益が出る株価を意識しながら、株価が上がった場合、下がった場合、どちらにも柔軟に対応できるようにポジションを考えていくわけです。

実際には、3300円から3100円に株価が下がったとします。そうしたら、そこで「3000円の買い」を売って100円の利益を確定、下落基調と見て3100円で売りポジションを取ります。

3000円　〇　→　＋100円（確定）
3200円　〇
3300円　×
3100円　×

「3200円の買い」と「3300円の売り」の組み合わせで、100円の利益が固定されています。ここから株価が下がっていけば、固定された100円の利益に「3100円の売り」の含み益が上乗せされていくことになります。

ケース②「上の買い」と「下の売り」で損失を固定する

今度は、ケース①と逆のケースを考えましょう。

株価が3000円のとき、買いポジションを入れて取引をはじめました。しかし、株価は2900円に下がってしまいました。さらに下がる可能性があると考え、ここで売りポジションをもちます。その後株価は2800円に下がったので、ここでも売りポジションをもちました。現在のポジションは、

3000円　○
2900円　×
2800円　×

です。

ここで、ケース①で説明したように「最も株価が近い買いポジションと売りポジションの差額」を見てみましょう。

いま、最も近い売りと買いのポジションは「3000円の買い」と「2900円の売り」です。「株価下の買い」と「株価上の売り」という組み合わせでは利益が固定されますが、このように**「株価上の買い」と「株価下の売り」という組み合わせの場合、その差額で損失が固定されます。**「3000円の買い」と「2900円の売り」の差額は100円ですから、この組み合わせで100円の損失が固定されていると見ることができます。

具体的に検証してみましょう。

現在、株価は2800円です。この時点で「3000円の買い」と「2900円の売り」の損益は、次のようになります。

3000円　○　↓　−200円
2900円　×　↓　＋100円
計　−100円

このあと株価が2700円に下がったら、どうなるでしょうか。

３０００円　○　↓　－３００円
２９００円　×　↓　＋２００円
　計　－１００円

となり、２つのポジションの合計で１００円の損失になることに変わりありません。
逆に、株価が上がっていったときを見てみましょう。株価が２９００円に上がると、

２９００円　×　↓　±０円
３０００円　○　↓　－１００円
　計　－１００円

で、やはり１００円のマイナス。さらに株価が上がって３２００円になっても、

３０００円　○　↓　＋２００円
２９００円　×　↓　－３００円
　計　－１００円

となり、やはり１００円の損失です。株価がどのように動いても、２つのポジションの組み合わせでは１００円の損失で固定されているのです。

ここで、2800円で売りポジションをもったところに戻りましょう。現在もっているポジションは、

3000円　〇

2900円　×

2800円　×

です。それでは、このポジションで利益が出る株価はいくらでしょうか。

「3000円の買い」と「2900円の売り」の2つのポジションは、100円のマイナスで固定されています。ですから、「2800円の売り」が100円のプラスになる2700円より下に株価が下がれば含み益が出ることになります。

波乗り投資法では、含み損を抱えた状態でもロスカットをすることなく、利益に転じていくことを重視します。この例では株価が下がったため「3000円の買い」は予測をはずしましたが、2つ目以降のポジションの取り方によって利益が出るようにすることができます。

応用として、「株価上の買い」と「株価下の売り」を組み合わせる方法をケース①の最

後のポジションに当てはめてみましょう。

ケース①の最後は、次のようなポジションになっていました。

3200円　〇
3300円　×
3100円　×

ケース①では、ここで「3200円の買い」と「3300円の売り」というそれまでの組み合わせを引き継いで考えました。「3200円の買い」と「3300円の売り」という組み合わせで利益が固定され、そこに「3100円の売り」があるという見方です。

3200円　〇
3300円　×
＋
3100円　×

しかし、「3100円の売り」を新たにもったことで、この時点で最も株価が近い買いポジションと売りポジションは「3200円の買い」と「3100円の売り」になっています。ですので、次のようなくくり方も可能です。

３２００円　○
３１００円　×
＋
３３００円　×

ケース①の最後では、「３２００円の買い」と「３３００円の売り」の組み合わせで１００円の利益を固定したまま、「３１００円の売り」の利益を伸ばそうと考えました。
しかし、「３２００円の買い」と「３１００円の売り」という組み合わせで１００円の損失を固定したまま、この時点で２００円の含み益を出している「３３００円の売り」の利益をさらに増やしていくという考え方もできます。

波乗り投資法ではポジションを５つまで同時にもつため、もっているポジションをバラバラに見ていると状況の把握がむずかしくなることがあります。しかしこのように２つのポジションをセットにすると、「セット＋その他のポジション」と状況を整理して把握できるようになります。

〔ケース③〕 4つのポジションで損失固定を使う

同じようなパターンで、ポジションが4つになるケースを見てみましょう。

株価が3000円のときに買いポジションを入れたところ、2700円に下がったので売りのポジションをもちました。すると下がるという予測がはずれ、株価は2800円に上がりました。ここで買いポジションを入れます。もっているポジションは、

3000円 ○
2700円 ×
2800円 ○

です。この状況を、どのように判断すればいいでしょうか。

パターン①、②と同じように「最も株価が近い買いポジションと売りポジションの差額」を見ます。最も株価が近い買いポジションと売りポジションは、「2800円の買い」と「2700円の売り」。これは「株価上の買い」と「株価下の売り」の組み合わせですから、その差額100円で損失が固定されています。

そうすると、ポジション全体では、残りの「3000円の買い」が100円以上のプラスになる3100円以上で利益が出ることになります。

株価が3200円になったときには、

3000円　○　↓　＋200円

2800円　○　↓　＋400円

2700円　×　↓　－500円

で、トータル100円の含み益です。

さらに、ポジションを4つに増やしたときのことを考えてみましょう。

そのあと2800円から株価が2900円に上がったので、ここで再び買いポジションをもったとします。もっているポジションは、

3000円　○

2800円　○

2700円　×

2900円　○

です。

それでは、このポジションで利益が出る株価はいくらでしょうか。

「2800円の買い」と「2700円の売り」の組み合わせは、100円の損失で固定されています。ですので、残った「2900円の買い」と「3000円の買い」で100円以上の利益が出れば4ポジションのトータルでプラスになります。

2つの買いポジションの組み合わせでは、（買いの株価＋買いの株価＋出すべき利益）÷2で利益になる株価が計算できます。この場合、

（2900円＋3000円＋100円）÷2＝3000円

ですから、株価が3000円以上になったらトータルでプラスになることがわかります。

4つのポジションをトータルで考えると、株価3000円を目安に取引を進めればいいことがわかります。

ちなみに、3つの買いポジションで利益になる株価を計算するときは、

（買いの株価＋買いの株価＋買いの株価＋出すべき利益）÷3

という計算式になります。1900円、2000円、2100円という3つの買いポジションがあり、この3つのポジションで300円の利益を出したいときは、

(1900円+2000円+2100円+300円)÷3=2100円

で、株価が2100円になれば300円の利益が出ることがわかります。買いポジションが4つなら、

(買いの株価+買いの株価+買いの株価+買いの株価+出すべき利益)÷4

です。

〔ケース④〕5つのポジションで損失固定を使う

さらに、ポジションを5つ取ったケースを見てみましょう。

株価が3000円のときに買いポジションをもったところ、2700円まで急に下がったので売りポジションをもちました。株価は2800円に値上がりしましたが、下落圧力を大きいと見てここでも売りのポジションをもちます。しかし予測ははずれ、株価は2900円まで上がってしまいました。ここまで、3つのポジションはすべて予測がはず

れたことになります。

２９００円では買いのポジションを入れました。その後、株価は３１００円まで値上がりしたので、さらに上がることを期待して買いポジションを入れます。現在のポジションは、

3000円　○
2700円　×
2800円　×
2900円　○
3100円　○

です。

この状況をどのように見ればいいでしょうか。

この場合、最も株価が近い買いと売りのポジションは、「２９００円の買い」と「２８００円の売り」。この組み合わせでは、１００円の損失が固定されることになります。

さらに、「３０００円の買い」と「２７００円の売り」という、次に株価が近い売り

と買いのポジションを組み合わせてみましょう。この組み合わせでは、３００円で損失が固定されます。２つの組み合わせの合計で４００円の損失になっているので、残った「３１００円の買い」が４００円の利益になる３５００円以上になれば5ポジショントータルでプラスに転じることがわかります。

トータルでプラスになる３５００円以上の値上がりを期待していたところ、株価が再び３０００円まで値下がりしてしまったとしましょう。

このとき、「３０００円の買い」と「２９００円の買い」を決済し、とりあえず１００円の利益を確定するのがひとつの方法です。プラスマイナス０円の３０００円のポジションを決済したのは、ポジションの枠を空けるためです。

続いて株価は２９００円まで下がったため、売りポジションを取りました。この時点でのポジションは、

2700円　×
2800円　×
3100円　○

2900円　×

です。

この4ポジションでは、株価がいくらになれば利益が出るでしょう。最も近い買いと売りは「3100円の買い」と「2900円の売り」で株価上の買いと株価下の売りの組み合わせですから、この2つのポジションでは200円で損失固定です。ですから、残った「2800円の売り」と「2700円の売り」で200円以上の利益が出ればトータルでプラスになることになります。

2つの売りポジションの組み合わせでは、（売りの株価＋売りの株価－出すべき利益）÷2で利益になる株価が計算できます。この場合、

（2800円＋2700円－200円）÷2＝2650円

ですから、株価が2650円以下になれば4ポジション全体で利益が出ることがわかります。

すでに、「3000円の買い」と「2900円の買い」を決済したときに100円の利

益を取っています。残った4つのポジションで考えると株価が2650円以下にならなければ利益になりませんが、取引開始時からのトータルで考えるとすでに100円の利益が取れているので2700円以下になれば利益が出ることになります。

このケースでは、取引をはじめてから取った3つのポジションはすべて予測がはずれました。しかし、その後のポジションの取り方によって十分利益を出すことができます。そして、利益となる株価の考え方がおわかりいただけたと思います。

第5章

波乗り投資法で勝てる銘柄の条件

市場シェアが高く、事業年数が長ければ倒産しにくい銘柄

本章からは、波乗り投資法で実際に投資するための準備に入ります。まず、銘柄選びです。

2016年1月現在で、東証一部に上場している銘柄は約1900。東証二部やマザーズなども含めると、約3500の銘柄で株式投資をすることができます。株式投資をするときには、この中からどの銘柄を対象に投資を行うかを決める必要があります。

通常の投資手法では、企業の財務状況、経営状況、将来性、株価収益率（PER）などの各種指標を分析するファンダメンタル分析、そしてチャートの動きを分析するテクニカル分析によって銘柄を選びます。

しかし、波乗り投資法では銘柄を選ぶのに細かな分析は必要ありません。この手法を活かすための銘柄の条件は、

・倒産しにくい

・出来高が大きい
・信用買い・信用売りの両方ができる
・値動きが大きい

という4つを満たしていること。この4つの条件に合っている銘柄であれば、波乗り投資法の対象になります。

通常の株式投資でも同じですが、まず重要なのは倒産しにくいことです。

波乗り投資法はリスクヘッジに注意し、なるべく損失を出さないようにしながら利益を出していくトレード手法です。しかしいくらリスクに強いこの手法でも、企業が倒産してしまっては手も足も出ません。企業が倒産してしまえば株は無価値になり、大きな損をすることになります。

企業が上場するときには、時価総額、純資産額、利益額などをもとに証券取引所が事業の継続性、収益の安定性を厳しく審査します。ですから上場企業というのは本来倒産しづらいものなのですが、100パーセント倒産しない保証はありません。

そして、倒産がトレーダーに大きな損失をもたらす以上、取引する銘柄はできるだけ倒産する確率が低い企業を選ぶようにします。

倒産しやすいか、倒産しづらいかを、どう判断するか。

私は市場シェアを重視しています。その企業の主力商品が、その業界でどれくらいのシェアを占めているのかということです。**国内で、また世界で市場シェアが高く、なおかつそのシェアの高さが一過性のものでないならば、倒産しづらい**と考えていいと思います。

注意したいのは、企業の絶対数が少ない、寡占状態に近い業種の場合にはシェアの大きさがあまりアテにならないということ。たとえば、国内の航空業界でシェア第1位だった日本航空は2010年に上場廃止になりました。航空業界は、LCCが参入した現在も10社に満たない準寡占状態の業界です。企業の絶対数が少ない業種では、こうしたことがありえます。

また、**事業継続年数もひとつの目安になります**。一般的に、長く事業が続いている企業ほど倒産しづらいものです。一方、急成長している新興の銘柄は株価が大きく上がる可能性がある一方、経営状況が一変する怖さがあります。2006年に上場廃止となったライブドアが典型的な例です。

絶対に倒産しないという企業はないものの、参入している企業数が多い業界でシェアが継続して大きく、事業年数が長ければ比較的倒産の確率は低いとみていいと思います。

出来高が大きい銘柄で取引のスムースさを確保する

これも波乗り投資法に限ったことではありませんが、株の売買をスムースに行うためにはその銘柄に一定の出来高がある必要があります。

出来高とは、約定した取引の量を表したもの。出来高が多い銘柄は、売買が盛んに行われていることになります。反対に、**出来高が少ない銘柄は売買があまり行われておらず、場合によっては取引が成立しないこともあります。**

株は、売る側と買う側の株価が合致することで取引が成立します。売りが出ていない株価で株を買うことはできません。

たとえば、ある銘柄で2000円だった株価が1800円まで落ちてきたので、底を打ったと判断し、５００株買おうとしたとします。しかし１８００円では１００株しか売りが出ておらず、１８２０円、１８３０円といった価格帯で１０００株単位の売り注文が入っていたとします。これでは、１８００円という希望価格で５００株集めることはむずかしいでしょう。

これは、売るときも同じです。１８００円で１００株、１８２０円で４００株買ったあと、株価が１９００円まで上がりました。そこで利益を確定するため売り注文を出しましたが、出来高が少ない銘柄だとその株価で買い注文が出ておらず、約定しないことがありえます。つまり、自分の予測どおりの値動きとなったとしても、出来高が小さければ売買が成立しにくい状況が生まれるのです。

こうした銘柄では、**買いたいときに買うことができずに利益を出すチャンスを失ったり、売りたいと思ったときに売ることができずに含み益が一気に減ってしまうようなことになりかねません**。数年単位で長期投資する場合はこのような銘柄も選択肢に入ると思いますが、短期でポジションを調整していく波乗り投資法には向いていません。

出来高はさまざまな株式情報ページにアップされていますが、Ｙａｈｏｏ！ファイナンスでも簡単にチェックすることができます。

Ｙａｈｏｏ！ファイナンスの検索欄に銘柄コードか企業名を入れると、銘柄情報のページが表示されます。

この銘柄情報ページの「詳細情報」のタグをクリックすると、当日の出来高が表示されます。ただ、出来高は日によって大きく上下することがあります。一定の期間で、出来高を確認するようにしましょう。

「チャート」タグをクリックすると、株価のチャートが表示されます。この下に表示されているのが、出来高です。もし出来高が表示されていなければ、追加指標として「出来高」を選択してください。チャートの下に出来高の棒グラフが表示され、出来高の推移を確認することができます。

指定した期間の出来高を見ることができ、過去10年までの出来高を表示します。また、「時系列」タグでは過去の出来高を数字で見ることができるので、参考にしてください。

過去1年間、出来高が平均して50万株以上で推移していれば、波乗り投資法で不安なく取引できる銘柄です。それ以下だと、取引が成立しにくくなる可能性があります。波乗り投資法の投資候補からは、はずして考えましょう。

信用売りができる貸借銘柄を選ぶ

波乗り投資法では、現物取引は行わず信用取引で取引を行います。売りと買いでポジションを複数もちながら利益を出していく手法であるため、売りのポジションがもてる信用取引が絶対的な条件となるのです。

しかし、上場銘柄の中には信用売りができない銘柄が一部に存在します。ポピュラーな信用取引である「制度信用取引」では、信用買いだけができる「制度信用銘柄」と信用買い・信用売りの両方ができる「貸借銘柄」とに銘柄が分かれています。

波乗り投資法は信用売りを活用しますので、銘柄は信用買いと信用売りの両方ができる貸借銘柄である必要があります。東証一部の上場銘柄であればほとんどが貸借銘柄に指定されていますが、なかには制度信用銘柄になっているものもあります。

東証をはじめとした証券取引所が加盟している日本取引所グループのＨＰでは制度信用

銘柄と貸借銘柄のリストをダウンロードできるので、投資をはじめる前にこのリストで銘柄が貸借銘柄かどうかを確認するようにしてください。

また、Ｙａｈｏｏ！ファイナンスの銘柄情報ページの一番下には、「信用取引情報」という欄があります。ここでも貸借銘柄かどうかを調べることができます。

「信用取引情報」欄には「信用売残」という項目があります。文字どおり、信用取引の売りが何株残っているかを示すものです。

この項目に何らかの株数が記載されていれば、その銘柄は貸借銘柄です。一方、この項目が「０株」になっていると、それは制度信用銘柄。波乗り投資法の対象からははずれる銘柄です。

信用取引は、反対売買をして取引が終わります。空買いした株は必ず売りますし、空売りした株は必ず買います。信用売残で残っている株も、通常、決済期日を迎える６カ月以内に買われることになりますので、**信用売残の株数が多ければ株価上昇のひとつの要因になります**。投資判断の材料になるため、こうした投資情報ページに記載されているのです。

値動きの大きな銘柄で投資効率を高める

長期投資では3年、5年といったスパンで株価の値上がりを待ちますが、波乗り投資法の場合、数カ月といった期間の中で株価の上下に合わせて利益を出していきます。そのため、値動きが小さな銘柄では利益が出しにくくなります。

波乗り投資法は取引を重ねて利益を出していく手法なので、**値動きの小ささは資金効率の悪さに直結します**。ですから、ある程度の値動きがある銘柄を選ぶようにします。大きな市場シェアをもち、出来高の多い大型銘柄は比較的株価の動きが小さくなりがちですが、こうした銘柄の中でも値動きの大きな銘柄を探すのがポイントです。

値動きが小さいディフェンシブ銘柄といわれているのは、電気・ガス、食料品、医薬品、運輸です。電気は2011年の東日本大震災後、例外的に大きく値を動かしましたが、一般的にこれらの業種は景気が変動しても需要が大きく上下せず、業績が景気の影響を受けにくいために相場全体の動きよりも値動きが小さくなる傾向があります。

それでは、値動きの大きな銘柄とはどのような銘柄でしょうか。それは、**自動車、電機、精密機器といった輸出関連株**です。製品を輸出し海外で販売することで利益をあげている企業は、製品の対価を現地通貨で受け取り、それを円に換金する必要があります。そのため、円安になると業績が上がりますが、円高に振れると一気に業績が下がることになります。

輸出依存度の高い企業はたった1円、為替が動いただけでも、何十億円と業績が変わります。この傾向は、世界シェアが大きな企業であればあるほど顕著です。こうした銘柄では、為替変動につれて株価がどんどん動いていく傾向があります。また、シェアを大きくもっている国の経済状況も、株価に影響を与えます。こうした値動きの大きな銘柄が、波乗り投資法では狙い目です。

私が投資している銘柄は「ブリヂストン」

波乗り投資法のための銘柄の条件として、「倒産しにくい」「出来高が大きい」「信用買い・信用売りの両方ができる」「値動きが大きい」の４つを挙げました。私が投資しているのも、この条件に合った銘柄です。

私が投資している銘柄は、ブリヂストン（５１０８）です。

通常、自分が投資している銘柄を秘密にする人が多いかもしれません。投資の対象が単一の銘柄に限られており、７年間に渡ってその銘柄だけで稼ぎ続けているのであればなおさらです。

しかし、**投資している銘柄を公開することは何ら私の不利益にはなりません**。ブリヂストンは出来高が多い銘柄ですので、投資する個人投資家が多少増えたところで株価にはほとんど影響ありません。また、もし出来高が増えて値動きが大きくなったとしたら、波乗り投資法では利益が出しやすくなります。

ブリヂストンは、「倒産しにくい」「出来高が多い」「信用買い・信用売りの両方ができる」「値動きが大きい」という波乗り投資法の銘柄の条件をすべて満たしています。これから、確認してみましょう。

ブリヂストンは、ミシュラン、グッドイヤーとともに世界三大タイヤメーカーのひとつであり、その中でも一番のシェアを誇る世界一のタイヤメーカーです。タイヤ業界では低価格をウリにする中国メーカーも台頭してきていますが、ブリヂストンは新興国で強みを見せている点も見逃せません。日本国内では、第2位につけている住友ゴムの4倍以上のシェアをもち一強状態。海外、国内ともにシェアが大きく、倒産が考えにくい銘柄です。

それでは、出来高はどうでしょうか。Ｙａｈｏｏ!ファイナンスの銘柄情報で見ると、過去2年、ブリヂストンの出来高はおおよそ２００万株以上で推移していることがわかります。十分な量の出来高です。

次に「詳細情報」で、信用取引情報の欄を見ます。ブリヂストンの場合、信用売残にも株数が出ているので、信用買い・信用売りの両方ができる銘柄ということになります。これも問題ありません。

最後に、値動きを見ます。「チャート」のタグでは、1日から10年まで9つの期間でチャートを見ることができます。表示の仕方は線、ローソクのいずれかを選べますので、慣れたほうで確認しましょう。

チャートを見るときは、長い期間で長期的な流れをつかみ、それから短い期間で足下の動きを確認するのが基本です。また、「時系列」タグでは、過去の始値、高値、安値、終値を数字で見ることができます。

私がブリヂストンで波乗り投資法をはじめたのは、２００８年７月のことでした。２００７年７月から２００８年６月までの1年間でブリヂストンの株価を調べると、期間内安値は２００８年３月14日の１６０４円で、期間内高値は２００７年７月４日の２７０５円。期間内高値を期間内安値で割った変化率は１７４パーセントで、大きく値を動かしたことがわかります。

これを、日経平均株価と比較してみましょう。日経平均も、Ｙａｈｏｏ！ファイナンスの検索欄に「日経平均」と入力すると同じように情報を見ることができます。

２００７年７月から２００８年６月までの１年間、日経平均の期間内高値は２００７年７月９日の１万８２６１・９８円で、期間内安値は２００８年３月１７日の１万１７８７・５１円。変化率は１５４パーセントです。ブリヂストンは日経平均より20パーセント大きく動いており、相場全体と比較しても値動きが大きい銘柄だったことがわかります。

この傾向は、最近でも変わっていません。

２０１５年の１年間、ブリヂストンの年初来安値は8月25日の３７５４円で、年初来高値は５月29日の５１８２円。変化率は１３８パーセントでした。

一方、２０１５年、日経平均の年初来安値は1月16日の1万６５９２・５７円で、年初来高値は６月24日の2万９５２・１７円。変化率は１２４パーセントです。ブリヂストンは、日経平均以上に大きな値動きを見せています。

以上をまとめると、

・世界一のシェアをもち、倒産しにくい
・出来高は十分な大きさがある
・信用買い・信用売りの両方ができる
・値動きが大きい

ということになります。ですので、波乗り投資法に適した銘柄だと判断できるのです。

４つの条件で自分に合う投資銘柄を探す

私はブリヂストンで取引していますが、もちろんほかにも波乗り投資法に向いている銘柄はたくさんあります。

たとえば、トヨタ自動車を調べてみましょう。

ダイハツ工業と日野自動車を含むグループ全体で販売台数は１０００万台を超え、トヨタ自動車は世界一の自動車メーカーになっています。業績も好調で、２０１５年９月の中間連結決算では、営業利益が前年同期比17・１パーセント増の１兆５８３４億円。倒産はいまのところ考えられません。

長い間、出来高は１０００万株前後で推移しており、十分すぎるほどの量があります。もちろん、トヨタ自動車も信用買い・信用売りの両方ができる貸借銘柄です。

それでは、値動きはどうでしょうか。

２０１５年の年初来安値は９月29日の６７１９円で、年初来高値は３月24日の８７８３

円。年初来安値を年初来高値で割った変化率は、130パーセントです。ブリヂストンよりは値動きが小さいですが、日経平均よりも大きな値動きをしていることがわかります。

まとめると、

①倒産しにくい
②出来高は十分な大きさがある
③信用買い・信用売りの両方ができる
④値動きはそれなりに大きい

ことになり、波乗り投資法に向いている銘柄と判断することができます。

波乗り投資法では、4つの条件さえ満たしていれば「この銘柄でなければいけない」というルールはありません。このような方法でさまざまな銘柄を調べ、「これだ」と思える銘柄を探してみてください。

第6章

2つのレッスン 波乗り投資法を身に付ける

波乗り投資法をシミュレートする2種類のトレード

銘柄を選んだら、実際の取引に移る前に波乗り投資法のシミュレーションをしましょう。シミュレーションとしては、「過去トレード」と「バーチャルトレード」の2つを行うことをおすすめします。**過去トレードは、過去の株価の動きを見ながら取引の判断を行うもの。バーチャルトレードは、現在の株価の動きを見ながら擬似取引を行う**ものです。お金は動かしませんが、実際の株価を見ながら本番さながらに投資判断を行うので「バーチャル」トレードです。

まず、過去トレードから。

過去トレードを行うには、自分が投資する銘柄の終値データを過去5年分用意します。終値データは証券会社のデータページなどさまざまなところで拾えますが、Ｙａｈｏｏ！ファイナンスでは次のような手順になります。

①Ｙａｈｏｏ！ファイナンスのトップページにある検索窓に自分が投資する銘柄の銘柄

名あるいは銘柄コードを入れ、銘柄情報ページに行きます。

②銘柄情報ページに行ったら、「時系列」タグをクリック。

③「時系列」ページには、過去20日分の始値、高値、安値、終値、出来高、調整後終値が並んでいます。この下にある欄で、自分が見たい期間を指定します。たとえば「２０１１年５月１日」から「２０１６年４月30日」といった具合です。

④指定した期間のデータが画面に表示されます。これをコピーし、Ｅｘｃｅｌなどの表計算ソフトにペーストします。ペーストした状態では一番上に最新のデータが来るので、上下を入れ替えて日付順に表示すると見やすくなります。

⑤終値以外の始値、高値、安値、調整後終値のデータを削除し、日付と終値が並んだ状態にします。

⑥日付と終値が並んだ列に、「株数」「確定利益」という２つの列を加えます。

⑦表計算ソフト上では終値データが見えている状態なので、終値の列の背景を塗り潰します（日付は見えるように残しておく）。

これで準備完了です。

●過去トレードシート（見本）

日付：＿＿＿＿＿＿＿＿＿＿　　　　氏名：＿＿＿＿＿＿＿＿＿＿

日付	終値	株数	確定利益	メモ欄

合計利益		含み損		合計損益
	−		＝	

過去トレードで波乗り投資法をシミュレートする

準備ができたら、過去トレードをはじめましょう。

いま、終値のデータはすべて塗り潰されている状態です。この塗り潰しを1日ずつ順番にはずしていきます。そして、**終値の数字を見ながら取引の判断を1日ごとにしていきます。**

このとき、自分が実際に投資する資金を元に、取引する株数を考えましょう。投資資金が100万円なら、信用取引のレバレッジが約3倍ですから、約300万円分の取引を行うことができます。そして、波乗り投資法では資金を5分割してポジションをもちますから、1つのポジションの資金は、

300万円÷5＝60万円

で60万円です。60万円以下で、60万円に近くなるようにポジションをもつようにします。

ここで重要なのは、「株価が上がるだろう」「下がるだろう」と予測するのではなく、ど

のように株価が動けばどのように取引をするかをあらかじめ考えておくことです。

1日1日その日の終値を見ながら「今日はどうしよう」と考えていると、取引の基準がどんどん変わってしまい、株価に振り回されるようになります。株価に振り回されるのではなく、株価の動きに合わせて利益を取るようにしていくのが波乗り投資法です。

たとえば、株価1800円で買いポジションをもったとします。この段階で「1900円に上がったら買い増しする」「1700円に下がったら売りポジションを追加する」というように取引の方向性を決めておきます。そして、株価が想定したところまで動いたらそこで取引を行います。株価が取引を想定したところまで動かなかったらスルーでかまいません。

このようにあらかじめ取引の方向性を決めておき、取引を行うと決めた株価になっていれば考えていたとおりに取引を行います。ですから、**波乗り投資法は1日3分でできてしまいます**。株価をチェックして、取引するところまで動いていたらあらかじめ考えていたとおりに注文。株価がそこまで動いていなければ、何もしないでその日は終わりです。

過去トレードシートの使い方

塗り潰しをずらしながら終値のデータを1日ずつ見ていき、取引の判断をしたらその日の「株数」欄に記入します。300株買いなら「○300」という具合です。

たとえば、7月1日に株価1800円、買いポジションを300株もって取引をはじめたとしましょう。そのとき、「1900円まで上がったら買い増し」「1700円に下がったら売りをもつ」という判断をしました。

そして、1週間後の7月8日に終値が1920円になったら、7月8日の「株数」欄に新たに「○300」と記入します。

実際の取引では、株価をチェックする時間は人によって異なると思います。終値を見て注文を出す人もいるでしょうし、日中の市場が開いている時間にチェックできる人は終値ではなくその時間の株価で判断をすることになるでしょう。しかし、過去トレードでは終値で判断して波乗り投資法のシミュレーションを行います。

●過去トレード記載例

【買いをエントリーする場合】

日付	終値	株数	確定利益	メモ欄
4/1	1790	○ 300		

株数（300）の前に“○”を付けて下さい。

【売りをエントリーする場合】

日付	終値	株数	確定利益	メモ欄
4/1	1790	× 300		

株数（300）の前に“×”を付けて下さい。

【見送りをする場合】

日付	終値	株数	確定利益	メモ欄
4/1	1790			

何も書かないで下さい。

【買いを決済する場合】

日付	終値	株数	確定利益	メモ欄
4/1	1790			
4/2	1770	~~○ 300~~		
4/3	1752			
4/4	1850		24000	

決済するポジションを“＝”で消して下さい。

利益を計算して、決済をする日付の確定利益欄に記載して下さい。
〈計算方法〉（現在の株価－決済するポジションの株価）×株数
（1850 － 1770）× 300 ＝ 24000

【売りを決済する場合】

日付	終値	株数	確定利益	メモ欄
4/1	1790	~~× 300~~		
4/2	1770			
4/3	1752		11400	

決済するポジションを“＝”で消して下さい。

利益を計算して、決済をする日付の確定利益欄に記載して下さい。
〈計算方法〉（決済するポジションの株価－現在の株価）×株数
（1790 － 1752）× 300 ＝ 11400

そして、決済したら表計算ソフトの「確定利益」欄に損益の額と決済した取引のデータを書き入れます。7月12日に、1950円になったところで「1800円の買い」300株を売って決済したとします。その場合、「＋4万5000円（7／1 ○1800円）」と書きます。

「7／1 ○1800円」と決済した対象の取引を書いておけば、この日は買いと反対の売りをしたことがわかります。そして、**決済した取引は「株数」欄の情報を棒線で消すと、いま現在どのポジションが残っているかがわかるようになります。**

過去トレードを繰り返して投資の幅を広げる

大変かもしれませんが、この**5年分の過去トレードを10回繰り返してください。**

最初の1回は、波乗り投資法の7つのルールを守れば自由に取引してかまいません。5年分やってみると、抱えた含み損がどのようにプラスに転じていくか、どのように利益が積み重なっていくかといった波乗り投資法の感覚がおおよそつかめるようになると思います。

そして、自分の取引のクセが見えてくるはずです。同じ波乗り投資法をやってもいろいろなタイプの人がいて、すぐに利益を確定させる人もいますし、じっくり利益が育つのを待つ人もいます。ポジションをすぐに取る人もいますし、ポジションがなかなかもてない人もいます。こうした**自分の取引の傾向が、過去トレードを1回やると見えてきます。**

自分の取引の傾向がわかったら、2回目の過去トレードではその傾向とは違ったやり方で取引してみましょう。すぐに利益を確定する人は、待つようにする。売りポジションをもつのが苦手な人は、あえて積極的に売りポジションをもつようにする。こうして1回目とは違ったやり方を、2回目では試してみるのです。

そうすると、利益の出方が1回目とは違ってくるはずです。また、「こういう利益の取り方があるんだ」「こういうときはあせらずに待ったほうがいいのかもしれない」と、1回目ではわからなかったさまざまな気づきがあるはずです。

そして、3回目にはまた違ったテーマを設定して5年分やってみます。ポジションをあまりもてない人は5ポジション必ずもつようにしてもいいですし、すぐ5ポジション埋めてしまう人は4ポジションまでというテーマを決めてもいいでしょう。

これを繰り返すことで、トレードの幅が広がり、いろいろなシチュエーションに対応できる応用力がつきます。何よりも、利益を伸ばすコツがわかってくるはずです。

テーマを決めて過去トレードを繰り返したら、8回目くらいからそれまでのやり方を総合して取引してみましょう。最初にやった1回目に比べ、格段に力がついていることが実感できると思います。

バーチャルトレードで波乗り投資法をシミュレートする

過去トレードを5年分10回やって力をつけたら、取引前の最後の練習であるバーチャルトレードに移りましょう。

バーチャルトレードは、自分が投資する銘柄の株価をリアルタイムで見て、実際の取引と同じようにポジションの判断をするものです。もちろん、投資資金を5分割してポジションに割り当てます。過去トレードとは違い、いま現在の株価で投資判断を行いますので、お金を動かさないこと以外は実際の取引と同じです。

株価をチェックする時間も、実際に取引するときと変わらないようにしましょう。仕事から帰ってから夜、終値を見る人は、同じように夜、その日の終値を見て取引を考えるようにします。昼間に株価をチェックして投資する人は、バーチャルトレードでも同じように昼間に株価をチェックします。

そして、過去トレードのシートを応用してバーチャルトレードのシートを用意し、取引を記録していきます。

過去トレードのシートでは、「日付」の隣に「終値」の列をつくりました。バーチャルトレードではここを「株価」とし、自分がチェックしたときの株価を記入するようにします。終値で株価をチェックする人は終値を入れますし、日中の市場が開いている時間にチェックする人は自分が見たときの株価を記入します。

そして、売買の注文を出すと判断したときには、「株数」欄に売買の種類、株数、約定価格を入れるようにします。1822円で300株を買ったときは「○300　1822円」です。

企業の決算発表は利益を出すチャンス

バーチャルトレードが過去トレードと大きく違うのは、株価の動きとともに決算発表、為替変動などリアルタイムで起こっている出来事を取引の判断材料に加えることです。

波乗り投資法では、株価が上がる、下がるといった予測に頼ることはしません。予想がはずれても、株の動きに合わせてポジションを調整して利益を出していきます。しかし、予測が当たったほうが利益が出やすいのも事実です。そこで、さまざまな要素を取引の判断材料として使います。

判断材料のひとつになるのは、企業の決算発表です。この決算発表の時期は株価が大きく動いて売買のポイントになることも多く、大きく利益を出すチャンスになります。

企業が業績を発表する決算発表は、年に4回あります。3月期決算の企業の場合、4月下旬から5月にかけて本決算発表が行われ、そのほかに四半期決算の発表が3カ月に1回です。信用取引では最長、決済期日が訪れる6カ月後までポジションを保有することになるため、その間に決算発表が2回あることになります。

企業には3月期決算のほか、12月期決算、6月期決算などのところもあります。また、同じ決算期でも決算発表の日は企業によって異なります。決算発表日は、企業HPのIR情報ページなどに掲載されていますから、取引している企業の決算日は必ず確認するようにしましょう。


この**決算発表の関連でポイントになるのが、業績予想の修正です。**

本決算のとき、企業は当期の業績とともに次期（次の1年間）業績の予想値を発表します。そして次期に入ったあと、事業を進めるなかで新たに算出した業績の予想値が本決算ですでに発表した予想値と大きく離れる場合には、企業はその情報を開示することになっています。これは義務ではありませんが、証券取引所に規定があり、ほとんどの企業が開示を行っています。

開示の基準は、売上高についてはプラスマイナス10パーセント以上、営業利益・経常利益・当期純利益についてはプラスマイナス30パーセント以上。新たに算出した予想値が本決算のときに発表した予想値より、売上高で10パーセント以上、もしくは利益で30パーセント以上プラスになるのが上方修正、売上高で10パーセント以上、もしくは利益で30パーセント以上マイナスになるのが下方修正です。

業績予想の修正は直ちに開示することとなっており何日以内といった基準はありませんが、多くの場合、3カ月ごとの四半期決算のなかで業績予想の修正が行われます。**ここで上方修正が出れば株価の上昇要因に、下方修正が出れば下落要因です。**

ただ、株価は基本的に期待値で動きます。**本決算で発表された業績がいくらよくても、事前に発表された上方修正の範囲に収まっていればそれは期待値以下ということになるので、株価は上昇しない可能性があります。逆に、上方修正以上に業績がよかった場合は、株価の上昇が期待できます。**

株の世界ではよく「アナリストの業績予想」という言葉が聞かれますが、このアナリストの業績予想も企業の上方修正、下方修正と同じ働きをします。アナリストの業績予想以上に発表された業績がよかった場合、それは期待値を上回ったことになるので株価が上がりやすくなります。しかし、発表された業績がアナリストの業績予想を下回った場合、業績が伸びていたとしても株価は下がる可能性があるのです。

また、多くの投資家が好業績を予測して買いを入れていると、発表された業績がよくて一時的に株価が上昇しても、すぐに大量の売りが入って株価が急落することもあります。その場合、決算発表前に売り抜けておいたほうがいいケースがあります。

判断は決してやさしくありませんが、決算発表、特に本決算は株価が大きく動くチャンスです。その前後には、積極的にポジションをもつことをおすすめします。

株価に影響を与える「米国雇用統計」と「日米金融政策」

ほかに売買の判断材料となるものに、各種指標、日米の金融政策の動向があります。**指標の中で重要なのは、米国の雇用統計。この内容が米国の金融市場に大きな影響を与え、その影響は日本株にも及びます。**

また、日米の金融政策も見逃せません。金融政策は、景気の状況を見て金融緩和を行うか、金融引き締めに向かうか、あるいは現場の政策を維持するかを決定します。**市場の資金量の増減に直接関わってきますので、株価や為替に影響をおよぼすことになります。**金融が緩和されれば市場に出る資金が増えるので、基本的に株価は上がりやすくなります。

また、金融政策は為替にも影響を与えます。金融が緩和されれば市場に出る資金が増えるので、その国の通貨は安くなりやすくなるのです。

こうした為替の動きは、輸出企業と輸入企業の業績に影響を与えます。輸出企業は、輸出した商品の売上を海外において外貨で受け取り、それを日本円に換金します。また、輸入企業は輸入した原材料の費用を外貨で払い、日本円で売上をあげます。そのため、こうした輸出企業・輸入企業では為替の動きによって利益に大きな差が出ます。

輸出企業にとっては円安のほうがプラスで、輸入企業にとっては円高がプラス。そして、企業の輸出依存度、輸入依存度が高いほど為替の変動が企業業績に大きな影響を与え、それが株価の変動要因になることがあります。

それでは、米国雇用統計、日米の金融政策そして日本の相場と関連の深い米国ＮＹダウについて詳しく見ていくことにしましょう。

①米国雇用統計

米国の雇用統計は、株式投資の参考にする経済指標で最も重要なものです。

米国企業は、景気がよくなるとすぐに雇用を増やしますし、景気が悪くなるとすぐに従業員を減らします。そのため、雇用統計が景気を敏感に反映することになります。

ＦＲＢ（連邦準備制度理事会）はこれらの雇用統計によって景気判断を行い、金融政策を決定します。ですので、雇用統計が為替、株価に大きく影響を与えることが度々あります。

雇用統計にはさまざまなものがありますが、なかでも景気を反映するものとして重視されているのが非農業部門の雇用者数と失業率。私も、株式投資のためにはこの２つをチェックしています。

ただ、雇用統計を読み解くにも注意が必要です。

一般的に、雇用統計がよく、景気が良好だと判断されれば、金利が上がりやすくなります。米国で金利が上昇すればドルが買われ、相対的に円が弱含みになるため、円安に振れます。そうすると、機関投資家をはじめとした海外の投資家の日本株に対する買い圧力が高まり、日本株が上がりやすい状況になります。

一方、円安になるので輸出企業の業績にとっては不利、輸入企業の業績にとっては有利な状況という見方もできます。**一般的には、米国雇用統計がよければ日本株全体にとって**

は上昇要因。しかし、投資している銘柄が輸出企業であれば、円安による業績の悪化で下落要因になりえます。

ただ、雇用統計がよければ日本株にとってプラスになると一概にはいえません。米国で利上げが行われると国債などに資金が流れるため、米国株は売られやすくなります。日本株は米国株と連動する傾向があるので、日本株からも資金が流れることがあるのです。

また、雇用統計の結果が事前予想とかけ離れていなければ、すでに材料として織り込まれ、為替や株への影響が少ないこともあります。この辺は、企業の業績発表が事前の予想どおりだと業績がよくても株価への影響が少ないことと事情は同じです。

投資判断には注意が必要ですが、米国雇用統計は株価変動の要因のひとつです。また、**米国雇用統計は経済指標の王様ともいわれ、その影響は為替相場だけでなく、金融市場全体におよびます**。米国雇用統計は毎月第一金曜日のニューヨーク時間で午前8時30分に発表されますが、このときは世界の金融市場関係者が一斉にその内容に注目します。確認しておいて、損はありません。

また、雇用統計は第一金曜日に前月分の数値が発表されるだけではなく、前々月と前々々月の修正値も発表されることになっています。こちらも相場を動かす材料となるので、あわせて注意を払っておきましょう。

②日銀金融政策決定会合

日本銀行の最高意思決定機関である政策委員会の会合のうち、金融政策の運営に関する事柄を審議・決定するのが日銀金融政策決定会合です。毎月1、2回（4、10月は2回）行われるこの会合で日本の金融政策の方針が決まり、結果はただちに公表されます。

金融政策は、具体的には金融機関が日銀に預ける準備預金の割合である預金準備率の上下、金融機関との間で国債などの金融資産の売買を行うオペレーション（公開市場操作）を通じて行われます。こうした金融政策により、政策金利が誘導されることになります。

預金準備率を引き下げると日銀に預ける資金量が減るため、市中銀行には多くの資金が残ることになります。また、日銀が国債などを買うオペレーション（買いオペ）を行うと、日銀から市中銀行にその代金が支払われます。この2つが行われると資金が市場に多く出回るため、金融緩和です。

逆に、預金準備率を引き上げると市中銀行の手持ちの資金が少なくなります。また、日銀が国債などを売るオペレーション（売りオペ）を行うと、市中銀行が日銀にその代金を支払わなければなりません。この2つが行われると市場に出回る資金が少なくなるため、金融引き締めということになります。

金融緩和になると、市場の資金が多くなる、言い換えると円の供給が多くなるため、円安に傾きます。一方、市場の資金が多くなると株が買われやすくなるため、株価が上がる要因になります。金融政策決定会合で**金融緩和が発表されたら、相場全体では上昇要因。円安になりやすいので、輸出企業の業績にはプラスに、輸入企業の業績にはマイナスに働きます。**相場全体への影響と個々の銘柄への影響の両方を考慮して、取引のポジションを考えましょう。

金融引き締めになると、反対のことが起こります。金融引き締めになると、市場の資金が少なくなり円の供給が少なくなるため、円高に傾きます。一方、市場の資金が少なくなると株が買われにくくなるため、株価の下落要因になります。金融政策決定会合で**金融引き締めが発表されたら、相場全体では下落要因。円高になりやすいので、輸出企業の業績**

にはマイナスに、輸入企業の業績にはプラスに働くことになります。

③ＦＯＭＣ（米連邦公開市場委員会）

ＦＯＭＣは、米国の中央銀行にあたるＦＲＢ（米連邦準備制度理事会）が開催する委員会。年8回、原則6週間ごとの火曜日、もしくは火曜日・水曜日の2日間にわたって開催されるこの会議で、米国の金融政策、政策金利であるＦＦ金利の誘導目標が設定されます。ＦＦ金利の変更は短期金利、為替レート、長期金利などに影響を及ぼすため、この会議の結果は世界中から注目されています。結果によっては、為替が大きく動くことも珍しくありません。

ここでの動きも、日銀金融政策決定会合と同じように考えることができます。

ＦＯＭＣが金融緩和を決定すると、市場の資金が多くなり、ドルの供給が多くなります。そのため、ドル安に傾きます。また、市場の資金が多くなって株が買われやすくなるため、米国株式市場は株価が上がりやすくなります。そして**市場に回った資金が日本の株式市場にも流れ、日本株の上昇要因になります。**

ただ、ここでも企業業績との関連が出てきます。ドル安になるということは相対的に円高になるということですから、輸入企業の業績にはプラスに、輸出企業の業績にはマイナスに働きます。相場全体では上がりやすくなりますが、個々の銘柄には別の判断が必要です。

反対に金融引き締めが決定されるとドルの供給が少なくなるため、ドル高に傾きます。これは**米国株を下げるとともに、日本株の下落要因にもなります**。ただドル高＝円安になるので輸出企業の業績にはプラス。輸入企業の業績にはマイナスに働きます。

基本的に、ＦＯＭＣで金融緩和が発表されれば日本株は上がりやすく、金融引き締めに向かえば日本株は下がりやすい傾向があります。この傾向を踏まえながら、個々の銘柄で判断していきましょう。

④NYダウ

ＮＹダウ（ダウ工業株30種平均）は、米国株式市場の代表的な株価指数。これを見ていれば、米国の株式市場の概況をつかむことができます。

すでに何度か触れましたが、米国株と日本株は連動する傾向があります。80年代まではそれほど連動性は見られなかったのですが、特に90年代なかば以降は同じような動きを見せることが多くなっています。

これは、日本の株式市場で外国人投資家の存在が大きくなっていることが大きな理由です。現在、上場企業の株式の外国人保有比率は30パーセントほどですが、株式市場での売買シェアは60パーセントにのぼっています。実に、日本の株取引の6割が外国人投資家によるものなのです。

ですから、米国株で買いに出たときは日本株でも買い、米国株で売りに出たときは日本株でも売りというような動きになり、米国株と日本株が連動することになるのです。

以上の理由から、NYダウはポジションを取る際の判断材料にすることができます。

NYダウのほとんどの銘柄が入っているNY証券取引所の取引時間は夏時間ならば日本時間の22：30～5：00、それ以外のときは23：30～6：00です。NYダウの終値が出てから日本の市場が開くことになりますから、NYダウの終値を判断材料のひとつにすることができます。基本は、NYダウが上がれば日本株も上昇、NYダウが下がれば日本株も下落です。

いまお話しした要素を考慮に入れながらポジションの取り方を考え、バーチャルトレードをやってみましょう。期間は3カ月が目安です。過去トレードを4、5回やったあとなら、過去トレードと並行してバーチャルトレードを進めてもかまいません。

過去トレードをやったことでトレードの幅は広がっていますし、その銘柄の株価の動きの特徴もつかめているはずです。その上でバーチャルトレードを行えば、波乗り投資法の準備は完了です。

第7章

私の波乗り投資法実践術

2013年2月第1週のトレード

過去トレード、バーチャルトレードをすませたら、波乗り投資法の準備はすでにできています。いつでも実践に移ることができますが、参考までに私の実際のトレードをこの章ではご紹介したいと思います。売買の結果だけでなく、「どのように考えて取引をしたのか」という判断の部分もできるだけお話ししますので、みなさんの投資のヒントにしていただければ幸いです。

この内容は、私の株のスクールの会員向けに配信しているメール「シグナルトレード配信」を元にしています。株の実績を語った本などを見ると、よく「後づけで都合のいいように書いているのでは」と思うことがありますが、公にしたメールを元にしたものなので、会員の方にはそうしたものではないことはよくわかっていただけると思います。

最初にご紹介するのは、2013年2月のトレード。本決算前後の株価の動きに合わせて利益を伸ばしたケースです。

取引銘柄は、ブリヂストン。ブリヂストンの単元株は100株で、私は基本的に1000株で取引を行っています。

当時の状況を簡単に説明すると、長く1万円台を割り込んでいた日経平均がアベノミクスへの期待感で2012年11月ごろから回復。12月20日には1万円台を突破し、2013年1月31日には1万1138円になっていました。ブリヂストン株も日経平均と連動して上昇し、2012年12月月初に1994円だった株価は2393円にまで上がっていました。そして、2月18日にブリヂストンは本決算の発表を控えていました。また、2月15日、16日にはG20が開かれることになっています。この2つが大きなイベントです。

こうした状況でスタートした2013年2月。基本的な戦略は、「新規でもつのは買いポジション」です。

このとき、円は1ドル92円あたりで推移していました。過去の為替レートで92円当時のブリヂストンの株価を見ると、1700円程度。アベノミクスで円安株高が進んではいましたが、この時点での動きは日経平均もブリヂストンも実体ではなく期待値上げと思われました。**期待上げが弾けたときの下落は大きなものになるかもしれませんが、直近の判断**

ではこの上昇トレンドに乗っかって利益を取っていくべきだと判断しました。

反落した場合は買い増し。急騰した場合でも買いを入れます。決算発表まで売りは入れず、下がったら売りポジションを相殺して買い増しというのが基本スタンスです。高値圏で推移すれば、買いポジションを売りながら細かく利益確定を行って決算発表を待ちます。

1月31日時点でのポジションは、以下のとおり。カッコ内はポジションをもった日です。

2293円　×（1／8）

2383円　○×（1／25）

2398円　○（1／11）

1月31日に2393円だったブリヂストンの株価は、2月1日に2405円になりました。ここで「2383円の買い」を売って利益を確定することにしました。

この2月1日は米国の雇用統計の発表があったのですが、その内容が悪かったため、2400円を割り込んだら再び2400円を突破するのに時間がかかる可能性があると判断したからです。**1000株で2万2000円の利益**です。

そして、週明け2月4日に2414円になったところで買い増し。翌5日は、米市場の下落や円安の一服感から50円近くマイナスに動いて2366円に。絶好の買い場となったためにここでも買い増しです。翌日も続落したら2293円、2383円の2つの売りポジションを決済することにして、この日は決済しないことにしました。

この時点でのポジションは以下のとおりです。

2293円　×（1／8）
2366円　○（2／5）
2383円　×（1／25）
2398円　○（1／11）
2414円　○（2／4）

6日は続落も想定していたのですが、米市場の反発や円安の進行により日経平均も急反発。ブリヂストンも100円近く上げ、2480円となりました。大きく上げたため反落があるだろうとの思惑から、2月4日にもった「2414円の買い」を決済、市場の動向を見守ることにしました。**ここでは6万6000円のプラス**と、順調に利益を重ねられています。

7日の木曜日は場中では大きく下げる局面もありましたが、力強い値動きで下げ幅を縮小してブリヂストンは2473円までの下落にとどまりました。

この日、日経平均は約1パーセント下げています。それに対して、ブリヂストンは約0・3パーセントの下落と下げきれていません。8日の金曜日は利益確定の手仕舞い売りなどで下げ圧力が強くなると判断し、6日に続いて利益確定させました。**1月11日の「2398円の買い」の決済で、7万5000円の利益**です。

そして8日、2423円まで下げたところで新たに買いポジションをもちました。

こうして、本決算の前週を迎えることになりました。この時点でのポジションは、

2293円　×（1／8）
2366円　○（2／5）
2383円　×（1／25）
2423円　○（2／8）

です。

ブリヂストンは高い確率で好決算が予想されたため、できるだけ買いポジションをもって決算発表を迎えたいところです。基本的には、決算発表を受けた18日の週も上昇が予想されます。ですので、売りポジションを決済し、買いポジションをもつことを意識して12日からの週に臨みました。

2013年2月第2週のトレード

休日となった11日の月曜が明けた12日、円安を受けてブリヂストン株は日経平均と連動して大きく上昇しました。

場中、新たな材料もなく短期的にも過熱感があったため本来であれば売りを入れたいところでした。しかし、決算発表を控えて相場が閉まったあとに追加材料が出る場合に備え、買いと売りのポジションを決済して利益を取りつつ、ポジションを軽くすることにしました。1月25日の「2383円の売り」と2月5日にもった「2366円の買い」を相殺決済し、**2ポジショントータルで1万7000円の利益**です。

翌13日には為替が円高に反転し、日経平均も反落。ブリヂストンも2426円となり上昇を打ち消すほどの下落となりました。円高基調が継続すれば、G20を前に続落の目がありましたが、**決算発表を考慮し、18日までの期間で見ると買いという判断**をしました。

そして、翌14日には円安進行を背景にブリヂストン株は2500円まで値を伸ばします。決算発表までホールドする手もありますが、G20を控えて為替は円安基調に歯止めがかかって手仕舞い売りも増え下げるだろうと分析し、前日の買いを利益確定しました。**急騰を受け、1日で7万4000円の利益**です。

15日の金曜日、日経平均は寄り付きから徐々に下げました。ブリヂストンも最初は下げましたが、18日の決算発表を控えて買いが入ります。私も2500円で買いを入れました。

この時点でのポジションは、

2293円　×（1/8）
2423円　○（2/8）
2500円　○（2/15）

です。ここで週末を迎えます。

翌週の動きは、G20の結果と決算発表をにらんでのものとなります。

Ｇ20で円安への牽制はないだろうとの思惑から再び円安基調となりましたが、Ｇ20の結果次第では再びどちらにも大きく動きます。Ｇ20の共同声明に注目です。

18日月曜日の基本的な戦略は、大きく上げない限りは買い増し。Ｇ20の結果を受けて下げるようであれば買い増しし、さらに「２２９３円の売り」をロスカットして決算発表に備えることにしました。

そのあとは、利益確定を中心に、決算発表を控えて消極的だった売り注文も交えることにし、週末に入りました。

2013年2月第3週のトレード

実際には、Ｇ20では大幅な金融緩和で実質的に円安誘導している日本への批判はありませんでした。そのため為替が再び円安方向に動き、18日の日経平均は大きく上昇してはじまりました。決算発表を控えたブリヂストンも大きく上がり、２５５５円をつけます。

ここまで上がると、１月８日にもった「２２９３円の売り」の含み損が大きくなっています。ただ、決算発表でネガティブサプライズがないとも限りません。また、**順調に上昇**

すれば十分な利益を計上できるとの判断から売りポジションは決済せずに、買い増しのみを行いました。

そして、注目の決算発表ではアナリストの予想を上回る増収増益の好決算。なかでも大幅な増配がポジティブサプライズとなりました。

19日、ブリヂストン株は2820円まで値を上げます。ここで、3つのポジションを決済。

2293円　×（1／8）↓　−52万7000円

2500円　○（2／15）↓　＋32万円

2555円　○（2／18）↓　＋26万5000円

さらに、翌20日に2809円となったところで残った「2423円の買い」も決済。

2423円　○（2／8）↓　＋38万6000円

となり、すべてのポジションを決済して利益を伸ばすことができました。

本決算の前後は、株価が大きく動くタイミングです。このときは好業績と増配で、ブリヂストン株は本決算後の1日で10パーセント近く上昇しました。それまでは2万2000円、6万6000円、7万5000円、1万7000円と利益を積み重ねつつ、しっかり買いポジションをもって本決算に備えたことが功を奏したと思います。

2013年6月第1週のトレード

もうひとつ、2013年6月のトレード例をご紹介しましょう。先ほどの2013年2月のトレードは、相場全体が上昇トレンドにあり、しかも良好な決算発表が見込まれるなか、上昇相場で買いポジションを中心に利益を取っていく形でした。

しかし、この7月は株価が上下を繰り返すボックス相場の様相を見せていました。そこでの判断を見ていただければと思います。

ざっと6月までの状況を振り返ると、日経平均は2月以降も続伸して5月22日には1万5627円をつけましたが、翌23日に1万4883円に急落。そこからも続落し、1万3774円まで下がったところで5月が終わりました。

この期間、ブリヂストン株も基本的に日経平均と連動して動いています。5月21日には3655円、翌22日は3645円となっていましたが、23日には3430円に下落。5月

31日の金曜には3370円になったところで6月を迎えました。
この時点でのポジションは、

3315円　×（5／27）
3325円　○（5／30）
3475円　○（5／9）
3730円　○（5／7）
3785円　○（4／12）

です。

5月31日の時点では、月曜からの6月第1週の戦略をおおよそ次のように考えていました。

23日の大幅下落を受けて、市場には警戒感が出ていました。そうしたなか、週末の海外市場や為替の影響から下落に転じるというのが私の予測でした。3日の月曜日には終値ベースで3300円を割り込んでくると見ており、そこで5月27日の「3315円の売り」の決済です。

４日の火曜日には、再び新規で売りポジションを取ります。翌5日、安倍首相が「アベノミクス第三の矢」の講演を行うことになっているのですが、足元の株安に対しても大きなインパクトを与える手段はなく期待はずれになるとの判断からです。そのあとは値動き次第では30日の「３３２5円の買い」を決済し、安値で拾えるところで買いポジションをもつ。これがおおまかな戦略です。

実際に３日の月曜、ブリヂストン株は３３００円を割り込み、３２３５円まで下げました。戦略どおり、５月27日の「３３１５円の売り」を決済。**8万円の利益確定**です。翌4日も、考えていたとおりに新たに３３１５円の売りポジションをもちました。

そして迎えた5日。午前中は安倍首相の講演への期待感から相場は上げたものの、やはりポジティブサプライズはなく、講演が終わった後場は一気に下落に転じました。講演開始時から日経平均は７００円近く下げており、失望感を考慮すると続落の可能性も考えられましたが、**下げ幅が過剰反応と判断して前日にもった「３３１５円の売り」を決済**しました。**３２２０円での売りなので、９万５０００円の利益**です。

翌6日は、３２１０円で新たに売りポジションをもちます。7日の金曜日には米雇用統計の発表が控えており、週末の持ち越しを敬遠した手仕舞い売りが予想されました。日経平均が上げても下げても、ここでは売りをもつという判断です。

この時点でのポジションは、

3210円　×（6／6）
3325円　○（5／30）
3475円　○（5／9）
3730円　○（5／7）
3785円　○（4／12）

となりました。

そして、7日に3055円となったところで5月9日の「3475円の買い」と6月6日の「3210円の売り」で相殺決済しました。

米国雇用統計の内容次第では、週明け10日に大幅続落する可能性が考えられました。しかしこのとき日経平均は続落しており、円高が進んでいる状況でした。米国雇用統計の結果が芳しくなくてもすでに株価はその水準に達していると考え、**米国雇用統計でネガティ**

ブサプライズが出ても下値は限定的と判断しての「３２１０円の売り」の決済です。

また、「３３２５円の買い」ではなく「３４７５円の買い」を決済したのは、相場が総じて悲観的になっているなか、近いうちに「３３２５円の買い」はプラスで決済できる可能性が高いと考えたからです。先物市場の動きを見ても、売りから買いに転じた兆しがありました。

「３７８５円の買い」と「３７３０円の買い」という高値の買いを残したのは、翌月に控えている参院選では自民党が有利だと思われ、その前後で３７００円を突破してくる可能性が高いと見ていたからです。

「３２１０円の売り」はプラス決済ですが「３４７５円の買い」は大きくマイナスとなり、**2つのポジション合わせて26万5000円の損失**です。しかし、**この月だけでもすでに17万5000円の利益を確定させており、参院選に向けた動きでも着実に利益が取れそうな**ので心配はしていませんでした。ポジションを減らして軽くするには、いいタイミングだったと思います。

翌10日からの週の焦点として考えていたのが、10日と11日に開かれる日銀の金融政策決

定会合です。ここでは追加緩和はないことがコンセンサスとなっており、追加緩和がなくても相場にはそれほど影響を与えないと思われましたが、米国雇用統計の結果を受けた10日の上昇が大きければ失望売りにつながる可能性があります。

月曜に上がれば売りポジションをもち、金融政策決定会合あとの下げに備える。そして、そこでの動きで週後半の動きを考えるというのを基本スタンスにしました。

2013年6月第2週のトレード

保有しているポジション、

3325円　○（5／30）
3730円　○（5／7）
3785円　○（4／12）

で10日からの週のスタートです。

10日は米国雇用統計の結果を受け、日経平均は600円を超える上昇となりました。ブリヂストン株も200円以上上げ、3285円をつけました。上昇ムードが強まっていますが、日銀の金融政策決定会合の内容次第では失望売りにつながります。ここは、前週に立てた戦略どおり売りポジションをもちました。

そして翌11日、金融政策決定会合ではやはり追加緩和なしで現状維持との方向が示されました。前日に上がった分、ここでは失望売りで相場は大きく下げ、ブリヂストン株も３２００円を割り込みます。しかし、失望売りの余波は治まっていないと見て、ここでは唯一もっている売りポジションである「３２８５円の売り」は決済しませんでした。

決済したのは、翌12日。３２０５円になったところで反発すると判断してのことで、**8万円で利益確定**です。

しかし、13日の木曜は予想と反し、大幅な下落となりました。海外市場が軟調でダウが大きく下げたことに加え、円高が進行して93円台をつけたことが原因と思われました。

このころに見られた傾向として、大幅下落の翌日は小幅戻しとなっていました。14日も値を戻す可能性があります。しかし不安定な相場のなか、週末の持ち越しは嫌気されるので中途半端な上昇は手仕舞い売りに飲まれてマイナス転換するだろうとの判断から３０４０円で売りポジションをもちました。

このあとの動きをざっと振り返ると、翌週の17日には金融緩和の早期縮小懸念が後退したとの見方が拡がり、上昇ムードが強まったため３２１０円で買いを入れました。このポジションは20日に３２７０円で決済し、**6万円の利益**です。

そして25日には、３２６０円で売りポジションをもちました。これは、翌26日がブリヂストン株の権利落ち日だったため。一般的に、配当や株主優待を受ける権利の期限となる権利落ち日には株価が下がる傾向があります。このときもやはり下げ、26日に３２０５円になったところで決済し、**5万5000円で利益を確定**しました。

また、5月30日にもった「３３２５円の買い」はプラスに転じたところ決済する予定でしたが、6月の最終取引日となった28日に３３８０円をつけたので、ここで決済。**5万5000円で利益確定**しました。

私は月ごとの利益を目標を立てているわけではないので必ずしも月単位で損益を考えているわけではありませんが、この6月も7日には26万円を超える損失を出したものの、その他の取引により月のトータルではプラスで終わっています。

相場の動きが不透明ななかでもポイントポイントで買い場、売り場を見つけ、利益を出していけることがおわかりいただけたと思います。

第8章

勝つためのメンタルを保つ

悪いときにもあせらずにルールを守り続ける

ここまでの章を読み、過去トレードとバーチャルトレードを行ったら、波乗り投資法で投資ができるようになっているはずです。

ただ、波乗り投資法で勝ち続けるためにはもうひとつ大切なことがあります。それはメンタルです。

投資で勝つには、メンタルが重要です。

取引をしていると、調子のいいときと悪いときが必ず出てきます。調子のいいときには勘が冴え、注文を入れたポジションがことごとく当たり、利益が積み重なっていくでしょう。逆に調子の悪いときは予測がはずれ、含み損が膨らむことがあります。

こうした調子の良し悪しは、投資につきものです。いくら利益をあげている人でも、常に損益が一定しているということはありません。

そこで大切なのは、メンタルを保ってルールを守り続けること。どんなことにも当てはまることですが、**ルールを守っていなければそのメリットを享受することはできません。**これは、投資においても同じで、ルールを守り続ける強いメンタルがあってはじめて勝つことができるようになります。

特に、波乗り投資法では一時的に含み損が出ることを前提としています。メンタルが弱いと含み損が大きくなったときにあわててしまい、ルールを破って取引してしまうことになりかねません。

ルールを守って取引を続けていれば、あるポジションで含み損が膨らんでもほかのポジションで利益を出してトータルでプラスにもっていくことができます。また、待っていれば株価が動いて含み損が減り、含み益に転じることもあります。

最悪なのは、パニックになって何をやっているか自分でもわからないような状態になること。**悪いときにもあせらず、メンタルを健全に保って取引を続けることが、波乗り投資法で勝つための近道です。**

勝ち続けてルールを守れなくなる人

私は、これまで何百人という人に波乗り投資法を教えてきました。多くの人が波乗り投資法によって資産を大きく増やしていますが、なかにはうまくいかなかった人もいます。そうした人に共通しているのが、メンタルが弱く、ルールを守れなかったことです。

怖いのは、うまい具合に勝ち続けることで調子に乗ってしまうパターンです。

投資の世界において、勝ち続けるという状態は本来異常な状態です。しかし、人間は異常な状態が続くと、感覚が麻痺し、それが異常な状態であるという感覚を失ってしまいます。そして、しっかりとしたメンタルをもっていない限り自分の能力を過信するようになり、「自分の予測は当たる」「自分は株の才能がある」という感覚に陥ってしまうのです。

株式投資において、勝ち続けるのは偶然にほかならないと肝に銘じておくべきです。波乗り投資法では勝ちを重ねることができますが、取るポジションのすべてが自分の予測どおりになるということはありません。3回連続、4回連続で当たることがあったとしても、それは「たまたま」だと思ったほうがいいでしょう。

投資は、予測が当たり続けると浮かれた状態になりやすいものです。これが危険なのです。

たとえば、波乗り投資法のルールには「資金を5分割する」がありますが、利益がしばらく続くと5分割を3分割にしてもうまくいくと思ってしまう人がいます。確かに、ポジション予測が当たり続けるなら、1ポジションあたりの資金量を増やしたほうが利益は大きくなります。

しかし、資金5分割法には資金を細かく分散してポジションをもつことでリスクを減らすという重要な意味があります。3分割にするとリスクが大きくなり、うまくいっているときはいいものの、予測がはずれだすと一気に損失が大きくなります。

また「すべてのポジションを同一方向でもたない」というルールを忘れ、「買い・買い・買い・買い・買い」あるいは「売り・売り・売り・売り・売り」というように、すべてのポジションを同一方向に埋めてしまう人もいます。これも、勝ち続けているときに多いパターンです。

これから株価が上がると予測して「買い」で取引をはじめます。その後、思ったとおりに上がっていったので、より大きな利益を求めて「買い・買い・買い・買い」と同一方向にポジションを重ねてしまうのです。

逆のこともあります。株価が下がると予測して「売り」で取引をはじめ、その後、思ったとおりに下がっていったので、「売り・売り・売り・売り」とポジションを重ねてしまうパターンです。

これでは、資金を分割せずに1つのポジションを取っていることと変わりがありません。予測がはずれることを考慮してポジションを分散し、リスクを抑えるのが波乗り投資法です。同一方向に5つのポジションが揃うと、波乗り投資法のコンセプトからはずれて、「予測が当たるか、当たらないか」というギャンブルになってしまいます。

うまくいっているときはたまたま勝つかもしれませんが、ギャンブルですから長い目で見ると必ずいい結果になりません。これは、私の経験則からハッキリいえます。あるとき、取り返しがつかないほど大きな負けを被ることになるはずです。

昔の武将も「勝って兜の緒を締めよ」と言っています。勝っているときこそ慎重に、です。

含み損が出てもあわてる必要はない

勝ち続けているときに自分の力を過信してしまうのは、感情が揺れているということでもあります。しかし、**投資において感情の揺れはマイナス要因にしかなりません。**あらゆる状況で感情を揺れ動かすことなく、ルールを守ってポジション調整し、負けないようにしていくことが大切です。

勝っているときに気分がよくなり、「もっと利益を出したい」とルールを無視してしまうということはメンタルが弱い人にありがちなことです。

また、逆のパターンもあります。メンタルができていないと負けているときに怖くなってしまい、「これ以上損はできない」とあわてて取引してしまうのです。勝っているときにも自分の力を過信せず冷静に取引を続けることが大切ですが、負けているときにも冷静に対応する必要があります。

特に、波乗り投資法では含み損は抱えて当たり前と考えます。しかし投資に慣れていない人は、含み損が膨らむと感情が揺れてしまいます。「ヤバイ」「こんなに損してる。どうしよう」とパニックになり、取引が乱れてしまいます。

初心者の人が負けているときにやりがちなのは、それ以上含み損が大きくなることを恐れて狼狽売りをしてしまい、すぐに損失を確定してしまうパターンです。

たとえば、上がると予測して3000円で買いポジションを入れたら2400円まで下がってしまった。すでに20パーセント下落している。これ以上下落して大損するのは怖い。そのように思ってあわててロスカットしてしまうのです。

波乗り投資法で含み損が出たときにも、あまり気にしないようにすることが大切です。確かに含み損を抱えているかもしれませんが、含み損というのはいまの株価において決済したときに損失として計上されるもの。決済しなければ、実際の損失とはなりません。あくまで、損失となる可能性があるというだけのことです。

そのまま含み損を抱えていても数カ月後には含み益に転じる可能性は大いにありますし、ほかのポジションの調整によってプラスにできるものです。波がある相場のなかで出た一時の含み損にビクビクする必要はまったくありません。**負けているときほど、あせりは禁**

物です。

「もう少し上がりそう」で売ることができないパターン

波乗り投資法は、投資初心者でも利益が出せる手法です。むしろ、従来の投資の常識にとらわれていない初心者のほうが利益を出しやすい傾向があります。

ただし、初心者の中にもなかなか結果が出せない人がいます。そういうケースのほとんどは、メンタルができていないことに原因があります。

買いポジションから取引をはじめたものの、予測と反対に株価が動いたときにあわてて狼狽売りをしてしまう。これが初心者が陥りがちな落とし穴のひとつですが、予測が当たったときにも初心者がやってしまいがちなことがあります。

予測どおりに上がって含み益が十分に出ているときにも、「もう少し上がりそう」「まだ上がりそう」と思って利益を確定できないのです。そこから少し値が下がりはじめても、「いや、また上がりはじめるはず」と思い込んで、売ることができません。

そこからさらに値が下がり、そうするうちに含み益がどんどん減り、結局売るタイミングを逃してしまいます。これが典型的なパターンです。

しかし、これではなかなか勝てるようになりません。1円、2円でも利益を増やしたいと思う心が、結局は10円、20円の損失となってしまいます。

また、波乗り投資法のルールが体得できていない初心者にありがちなのが、複数の銘柄に投資してしまうパターンです。

波乗り投資法は1日3分の取引で十分で、その取引さえ行わない日もあります。しかも利益が着実に上がっていくため、ルールを守って複数の銘柄をもてば利益を大きく増やせるのではないかと思うのです。

しかし、これは理論上は可能に見えるものの、実際にはむずかしいことです。本当に勝てる銘柄を選ぶことができるかどうかもわかりませんし、そもそも「いかに安全に、安定的に利益を出していくか」という波乗り投資法のコンセプトからはずれてしまいます。

1つの銘柄をずっと追っていると、その銘柄の特徴的な動きがわかってきます。複数の銘柄に投資できる資金があるなら、その分を自分が熟知している1つの銘柄に集中して投資したほうが成績はよくなります。**波乗り投資法では1つの銘柄で分散してポジションを**

取るので、銘柄を分散して投資する必要はないことを頭に入れておいてください。

このほか、初心者の人は取引のときにケアレスミスをしてしまうことがあります。たとえば、

- **買い注文のつもりが売り注文になってしまっていた（またはその逆）**
- **注文する株数の単位をひとケタ間違ってしまった**
- **含み損を抱えたポジションを間違って決済してしまった**

などといった「押し間違い」の類です。

「自分はそんなことはしない」と思われるかもしれませんが、これは私のスクールの受講生から実際に報告を受けたことです。ちょっとした不注意が数万円、数十万円の損失になることもあります。

そして、不注意で出た損失はメンタルにきます。それを取り返そうと、ルールを破って取引することになりかねません。いまは株の売買もネット上でボタンを押すだけでできるようになっていますが、それだけにボタンの押し間違い、入力の間違いには十分注意しましょう。

分析は波乗り投資法の範囲内で使う

含み損に耐えられないなど、投資初心者の人はメンタルの弱さが取引をする上でネックになりがちです。一方、投資経験者が陥りやすいのが、過去の手法にこだわってしまうことです。こちらはメンタルの弱さとはちょっとニュアンスが違いますが、感情が揺れてルールを守れなくなってしまうという点では共通しているといえるでしょう。

投資経験者が波乗り投資法にたどり着くのは、多くの場合、従来の手法で負けてきたからです。そこで素直に波乗り投資法のルールで取引できればいいのですが、**これまで行ってきた手法が間違っていたからこそ負けてきたにもかかわらず、自分がこれまで行ってきた手法を忘れられない**のです。

そのような人は、波乗り投資法で投資をするときにもかつての自分の手法を混ぜてしまいます。その結果、利益を減らしたり、損失を招いてしまうことになります。波乗り投資法のルールを破っていることは自分でわかっていますが、一度身についた習慣、思考法から抜け出せません。

私は、波乗り投資法以外の手法をすべて否定しているわけではありません。さまざまな分析は波乗り投資法でポジションを取るときの根拠となり、予測が当たる確率を上げてくれるからです。

たとえば、波乗り投資法では最初のポジションは買いではじめても売りではじめても、どちらでもかまいません。たとえ予測がはずれたとしても、あとの4ポジションで利益が出るように調整できるからです。

しかし、最初のポジションが予測どおりになれば、それに越したことはありません。また、2ポジション目以降の予測も当たる確率を上げたほうが大きな利益を取りやすくなります。そういう意味で、過去に使っていた分析の手法は波乗り投資法でも活かすことができます。

しかし、波乗り投資法で取引をすると決めたら、あくまでそれらの分析は波乗り投資法のルールの範囲内で使うことを忘れないようにしてください。

分析の結果、絶対上がると出たので、5ポジションすべてを買いポジションにした。分析の結果、下がると確信したので、投資資金をすべて1つの売りポジションに入れた。こうしたことは、禁物です。分析は、あくまで波乗り投資法のルールに沿ってポジションを取るための参考として使ってください。

200万円の含み損を100万円の利益にしたTさん

これまで私は、多くの人に波乗り投資法を教えてきました。その中には、思うように利益を伸ばすことができなかったり、利益を出すタイミングを頻繁に逃してしまったりする人も少なからずいました。

そうした原因のほとんどは、メンタルのもち方によって引き起こされています。ここからは、実際の失敗例を見ながら波乗り投資法で成功するためのメンタルのもち方を学んでみたいと思います。

波乗り投資法は、一時的に含み損を抱えることが前提になっています。そのため、波乗り投資法で成功するには、「含み損にいかに耐えていくか」というメンタルが大切です。

波乗り投資法をはじめても失敗する人の典型的なパターンは、含み損が出たときにガマン

できず、別の手法に移ってしまうことです。

私は1日に1回、3分間でトレードを行い、その内容をメールで配信しています。波乗り投資法を学ぶ人の中には、私の行う取引を模倣して利益を出している人もいます。Tさんもそんな1人で、私の配信を元に取引をしていました。

株では、上昇相場においても値下がりをする局面があるものです。そのときも米国雇用統計の発表内容があまりよくないことが予測されたため、上昇相場であっても値下がりをする可能性があると判断し、私は木曜日に売りを1ポジションもちました。Tさんも同じように売りのポジションをもちます。

翌日の金曜日、予想どおりに株価は下がって私はその売りを決済したのですが、Tさんはちょうどそのときインフルエンザにかかってしまい、決済注文を出すことができませんでした。そのときの値下がりは上昇相場におけるワンポイントの値下げだったため、相場は月曜にまた値上がりをはじめます。

上昇相場なので私は買いを入れたのですが、Tさんは金曜日に決済できなかったことから私のポジションとズレが生じており、木曜日に取った売りポジションが含み損になっていました。そこでTさんは、「上がってきたから反落するかもしれない。含み損の分をここで取り返そう」と思い、自分の判断でさらに売りポジションを取りました。株価はその後も上がり、いよいよ収集がつかなくなってきました。そこで、私に相談が来ました。

「実は金曜日にインフルエンザにかかり病院に行ったため、決済ができませんでした。そして独自の見解で売り注文を出してしまいました。このポジションはどうすればいいでしょうか。ロスカットしたほうがいいのでしょうか？　下山さんならどうしますか？」

これが、Tさんから来たメールです。しかし、私のなかではすでに答えは決まっています。

「僕ならロスカットはしません。確かに上昇相場なので今後も値上がりはしていくでしょうが、６カ月以内にはその売りポジションを下回る株価にまで値下がりする可能性が大きいからです。ただし、これからも一時期は値上がりしていくでしょうから、含み損に対するメンタルはきついでしょう。それに、想定以上に値上がりをした場合には値戻りしないかもしれません。でも、僕ならロスカットはしません」

こう私は答えました。

その後、さらに株価は上昇していきました。**Tさんの資金は700万円だったのですが、含み損は一時期、最大で200万円まで膨らみました。**このときは、メンタルがキツかったと思います。しかし、Tさんは値戻りを信じて耐え続けました。

そして、あるイベントを契機として株価は値下がりをはじめました。**値は元に戻り、さらに売りポジションを入れたときよりも下回って、最終的には100万円の利益を出すことができた**のです。

Tさんは、いまでも「あのときは地獄でした」と話してくれます。しかし、その経験をしてから含み損に対してのメンタルが強くなり、含み損には動じなくなりました。そして、順調に資金を増やしています。

あせりからすぐに目先の利益を取ってしまったSさん

次は、メンタルの揺れが招いたちょっとした失敗例です。

Sさんは、投資経験者でした。株をやって負け続け、波乗り投資法に来た人です。Sさんは独自の市場分析法をもっており、その分析に基づいて取引を行っていました。

相場が下げ相場だったとき、Sさんは分析によって「ここで値下がりすれば次は値上がりしてくる」と判断して1027円である銘柄の買いポジションをもちました。しかし、予想に反して株価は下がり続けます。株価が977円まで下がったとき「もう上がるだろう」と思って買い増ししました。

しかし、株価はまだ下がります。そして910円まで下がったとき、「そろそろ上がってくる」との分析によって再び買いを入れます。このような調子で、下がり続ける相場に対して901円でも買いポジションをもちました。計4ポジションの買いポジションをもったことになります。ここまでの取引を整理すると、

1027円 ○
977円 ○
910円 ○
901円 ○

です。

しかし、下落はまだ続きます。Sさんは「5つのポジションを同一方向でもたず、最低1ポジションは反対売買を入れる」という波乗り投資法の手法のとおり、863円で売りポジションを取りました。

910円と901円という近い株価で買いポジションをもっているあたりは少し問題ですが、5ポジション目で反対売買を入れたのはルールどおりです。

しかしその翌日、株価が860円に下がるとSさんは前日に取った「863円の売り」から3円の利益が出ると思って、**リスクヘッジのために取った売りポジションを決済してしまいました。**

「すべてのポジションを同一方向でもたない」というルールがあるのは、5つ同じ方向でポジションをもつとリスクが大きくなるからです。いくら株価が下がっている局面でも「ここら辺でそろそろ上がるだろう」というような楽観的な考え方に頼らず、最悪の事態に備えるのが波乗り投資法です。

「863円の売り」を決済して4つの買いポジションだけにしたのは、波乗り投資法のルールからはずれたわけではありません。しかし、たった3円分の利益を取るためにリスクヘッジの「863円の売り」を解消し、Sさんはリスクヘッジの意味をなくしてしまいました。買いでもっている4つのポジションがすべて含み損になっているため、あせりから目先の利益を取ってしまったのでしょう。

このあと株価が戻れば高いところで売りポジションをもてますし、大きく反騰すれば「901円の買い」もプラスに転じるかもしれません。しかし、もし下がったらより低いところで再び売りポジションをもたなければならないことになります。せっかくもった「863円の売り」を決済したことで、リスクが大きくなっています。


買いポジションがすべて含み損となっていることで、Sさんは動揺していたのでしょう。売りポジションをもった意味を忘れ、あわてて決済してしまいました。

しかし、買いポジションがすべて含み損になってもあせることはありません。「863円の売り」をもったことで「901円の買い」との間で損失固定ができていると考え、じっくりポジションを取っていけばいいのです。

もし、ここからまだ下がるようなら「863円の売り」が効いてきます。3円分の利益ならほとんど意味がありませんが、30円、50円分の利益なら取る価値があります。そこで利益を確定させ、新たに売りポジションをもつタイミングを探るのがひとつの方法です。

もし上がっていくようなら、38円分のロスカットで「863円の売り」「901円の買い」を相殺決済してから3つの買いポジションが含み益に転じるのを待ってもいいですし、空いた2つのポジションで新たにポジションをもって利益を出すことも考えられます。

このように**含み損が出たときにもあわてず、落ち着いて利益を出すようにしていく姿勢を身につけることが大切**です。

東日本大震災をきっかけに従来の手法とのかけもちをやめたHさん

Hさんは、10年以上にわたって投資をしてきた経験者で、やはりなかなか勝つことができなかったときに波乗り投資法に出合いました。しかし、波乗り投資法があまりにも従来のものとはかけ離れた手法だったため、当初は「このやり方で本当に大丈夫だろうか」と不安に思っていたそうです。

Hさんのように一般的に知られている分析や手法が身に染み付いている人からすると、波乗り投資法はかなり非常識なものに見えるのでしょう。そのため、波乗り投資法で稼げなかったときのリスクヘッジと考え、Hさんはこれまでやってきた手法を用いてほかの銘柄の取引も行っていました。

そして波乗り投資法では年間で数百万円の利益を出していたのですが、従来の方法を用いた取引で損失を出してしまい、トータルでは大きなマイナスになっていました。トータルでの損失額は3000万円にものぼっていたといいます。つまり、**「リスクヘッジのため」と思ってやっていた波乗り投資法以外の取引が結局はリスクになってしまっていた**のです。波乗り投資法への不安というメンタルが招いた失敗だといえるでしょう。

Hさんが変わるきっかけになったのは、2011年3月の東日本大震災でした。このとき日本の株式市場は混乱を来し、多くの銘柄は大きく値を下げました。当然、複数銘柄で取引を行っていたHさんも、大きな損失を出すことになります。しかし驚くべきことに、リスクヘッジを重んじてポジションを取っていく波乗り投資法だけが、東日本大震災の打撃にも耐えることができたのです。

「これはひょっとするとすごい手法なのかもしれない」と思ったHさんは、波乗り投資法に対して抱いていた不安をぬぐい去り、その他の取引はすべてやめ、波乗り投資法一本で取引をするようにしました。

すると1年余りでそれまで積み重ねてきた損失をすべて取り戻し、その後も利益を出し続けています。株で安定的に稼ぐことができるようになったいま、Hさんは母親を都内有数の高級老人ホームに入所させ、**自身はタワーマンションに引っ越しました。**

動じないメンタルが勝ちを呼び込む

このHさんですが、波乗り投資法に一本化した当初は相当に辛かったようです。それは、やはり含み損です。

一般的な手法では、含み損をいかに早い段階でロスカットするかが教えられます。Hさんもその教えを忘れることができず、当初は「○パーセント以上値下がりしたらロスカットする」というロスカットルールを設けて取引を行っていました。

波乗り投資法ではロスカットルールを設けないため、含み損が膨らむことがあります。心配性のHさんは悩みました。そしてメールで私に相談がありました。

「含み損がこれだけ増えて、毎日辛いです。株のことは考えたくないのですが、どうしても気になってしまって胃が痛く、仕事も手につきません。含み損を抱えた状態から逃れたいのですが、ロスカットしてはいけないのでしょうか」

いろいろな経験を私もしてきていますので、含み損がどれほど辛いものかはよくわかっているつもりです。そこで、「投資の世界に『絶対』はありませんが、こういうデータがありますから、いまは大きな含み損でもおそらく利益になっていきますよ」といって安心させました。Ｈさんも納得した様子でした。

しかしそれから1週間が経っても、Ｈさんの含み損は減らないばかりか増えています。心配になったＨさんからは「本当に大丈夫ですか」と不安そうなメールが来ました。私はまた「○カ月後にこういったイベントがありますので、そこが転換期になって利益が出てきますよ」といって安心させました。そしてＨさんのもっていた銘柄はそのとおりに転換期を迎え、含み損は利益になりました。

ここでは紹介しませんでしたが、実際に利益に変わるまでにＨさんからもらった相談メールは数えきれないほどです。そんなＨさんを、みなさんは笑うかもしれません。

しかし、**含み損を抱え、しかもそれが増えていくのを眺めているのは想像以上に辛いものです。**「含み損になっても気にしなければいいんだろう」と簡単に考えていると、痛い目に遭います。「含み損を抱えるのは相当にキツイ」と前もって覚悟し、実際に含み損になったときに動じないメンタルをつくっておくようにしてください。波乗り投資法で勝つために必要なのは、動じないメンタルです。

あとがき

波乗り投資法の考え方、やり方に触れてみてどう思われましたか？　チャートは見ない、分析もしない、損切りもしない、1銘柄、両建て、などなど。すでに多くの方から言われたことですが、本書をお読みいただいた方もこう感じたと思います。「非常識」だと。

こんなやり方で勝てるわけがない！　投資をバカにしている！　もっと勉強しろ！　たくさんのことを言われましたが、それでも私は株式投資で7年間負けたことがないのです。それは、シグナル配信という投資顧問サービスで個人投資家さんに実際に配信した履歴が残っているので、疑いようのない事実です。私からすれば、8割、9割が負けるのが株式投資です。その株式投資の相場で一般常識と言われている内容が、本当に勝てる内容であれば、8割、9割もの個人投資家が負けるはずはないと思うのです。

では、なぜ8割、9割の個人投資家が負けてしまうのか？　真っ先に疑うべきは「一般常識」です。一般常識が間違っているから多くの個人投資家が負けてしまうのです。だからこその波乗り投資法、というわけではないのですが、株式投資の本質を考えた際に損切りをすることや、予想を当てようとすること自体、勝てなくなることは明白なのです。

損切りはお金を減らす行為ですし、予想を当てようとすること自体は、明日起きる地震を当てられるレベルでないと意味をなさないのです。それゆえ、波乗り投資法は株式投資の本質を適切にとらえた投資法だと胸を張って言えます。

そもそも、波乗り投資法は、株の勉強をする必要はないのです。よく株式投資で勝つために、夜遅くにデータの分析をしたり、日本経済新聞などの経済紙を読んで勉強したりと、アルバイトをしたほうが稼げるのではないか、というくらい時間を使って株に詳しくなろうとしている人がいますが、株に詳しくなるのと株で勝つのはまったくの別問題です。

現に私は、1日のほとんどの時間をスマホゲームと睡眠に費やしています。朝起きて、昼食を食べてゲームをして、昼寝をしてトレードをして昼寝をしてゲームをして……というのを繰り返しています。1日のうち株式投資のために使う時間は3~5分程度です。

実はチャートを見たり、経済誌を読まないほうが、余計なバイアスがかからないのでより勝ちやすいのではないかとすら思っています。だから、私はいつもこう言っています。

「時間があればゲームしていたほうがよっぽど有益です」と。

せっかく自分の時間を使わずにお金を稼ぐことが可能なのに、それをせず働くのと同じように株式投資に時間をかけるのは本末転倒です。それよりも自分の好きなことをする時間にあてるべきです。

とはいえ、私の生活は不摂生すぎておすすめできません。けっこう太ってしまったためスポーツジムに通い、1回はやせたものの、ちょっとリバウンドをしています。

私が最後にみなさんにお伝えしたいのは、健康を大事にしてほしいということと、時間を使わずに本当の意味での「お金を働かせる」ための株式投資を身につけてほしいということです。それさえできればアイドルの追っかけをやるもよし、盆栽に熱中するもよし、楽しく有意義な人生を手に入れられると思うからです。

本書を通じて、あなたの株式投資ライフの役に立てれば何よりです。

ご武運をお祈りします。

2016年6月

下山敬三

■著者プロフィール

下山敬三（しもやま・けいぞう）

1978年生まれ、群馬県太田市出身。専修大学卒。

大学卒業後、フリーターに。23歳のとき、興味本位で買った株が当たり、10日間で35万円の利益を出す。しかしその後は損失続きで、資金が底をつく。

27歳のときに定職に就こうと試みるもフリーター生活が長かったため、ことごとく面接で落とされ、苦肉の策として起業をすることに。それと同時に株式投資の「信用取引」を知り、研究をはじめる。資金管理に焦点を当てた独自の投資手法を確立し1000万円を超える利益を出すことに成功。

その方法を自身のブログで公開していったところ、コンサルの依頼が殺到。それをきっかけに投資顧問業をスタート。その後、独自の投資方法をシグナル配信という形で1500人に提供。シグナル配信の勝率は83.3%、7年間連続でプラスを出し続けている。

現在は、投資手法を教える「株アカデミー」の学長、メルマガの発行、飲食店への出資など多岐に活動している。

企画協力　藤田大輔希
編集協力　山本貴也
組　　版　GALLAP
装　　幀　株式会社クリエイティブ・コンセプト

スマホで波乗り株投資法

分析不要 1日3分のトレード 7年連続プラスの驚異のメソッド

2016年 6月30日　第1刷発行
2022年 5月 2日　第6刷発行

著　者　　下山　敬三

発行者　　松本　威
発行所　　合同フォレスト株式会社
郵便番号 184-0001
東京都小金井市関野町 1-6-10
電話 042（401）2939　FAX 042（401）2931
振替 00170-4-324578
ホームページ https://www.godo-forest.co.jp
発売元　　合同出版株式会社
郵便番号 184-0001
東京都小金井市関野町 1-6-10
電話 042（401）2930　FAX 042（401）2931
印刷・製本　株式会社 シナノ

■落丁・乱丁の際はお取り換えいたします。

ISBN 978-4-7726-6068-6　NDC338　188×130

合同フォレスト
ホームページ

合同フォレストSNS

facebook　Instagram　Twitter　YouTube